NOÇÕES DE DEMONSTRAÇÕES CONTÁBEIS

Osni Moura Ribeiro

NOÇÕES DE DEMONSTRAÇÕES CONTÁBEIS

FUNDAMENTOS DE CONTABILIDADE
Volume 3

Contempla as Normas Internacionais de Contabilidade.
Indicado para não contadores.

São Paulo
2020

Av. Doutora Ruth Cardoso, 7221, 1º Andar
Pinheiros – São Paulo – SP – CEP: 05425-902

SAC | Dúvidas referentes a conteúdo editorial, material de apoio e reclamações:
sac.sets@somoseducacao.com.br

Direção executiva	Flávia Alves Bravin
Direção editorial	Renata Pascual Müller
Gerência editorial	Rita de Cássia S. Puoço
Editora de aquisições	Rosana Ap. Alves dos Santos
Editoras	Paula Hercy Cardoso Craveiro
	Silvia Campos Ferreira
Assistente editorial	Rafael Henrique Lima Fulanetti
Produtor editorial	Laudemir Marinho dos Santos
Serviços editoriais	Juliana Bojczuk Fermino
	Kelli Priscila Pinto
	Marília Cordeiro
Preparação	Rafael Faber Fernandes
Revisão	Rosângela Barbosa
Diagramação	Join Bureau
Impressão e acabamento	Edições Loyola

DADOS INTERNACIONAIS DE CATALOGAÇÃO NA PUBLICAÇÃO (CIP)
Angélica Ilacqua CRB-8/7057

Ribeiro, Osni Moura
 Noções de demonstrações contábeis / Osni Moura Ribeiro. – São Paulo: Érica, 2020.
 160 p. (Fundamentos de Contabilidade; vol. 3)

Bibliografia
ISBN 978-85-365-3226-4

1. Contabilidade 2. Demonstrações contábeis I. Título

19-1589
CDU 657
CDD 657

Índices para catálogo sistemático:
1. Contabilidade

Copyright © Osni Moura Ribeiro
2020 Saraiva Educação
Todos os direitos reservados.

1ª edição

Nenhuma parte desta publicação poderá ser reproduzida por qualquer meio ou forma sem a prévia autorização da Saraiva Educação. A violação dos direitos autorais é crime estabelecido na Lei n. 9.610, de 1998, e punido pelo art. 184 do Código Penal.

| CO | 645940 | CL | 642443 | CAE | 661472 |

APRESENTAÇÃO

Depois de lecionar Contabilidade para grupos heterogêneos de estudantes por mais de 45 anos e de ter disponibilizado no mercado, em parceria com a Editora Saraiva, mais de duas dezenas de livros, todos versando sobre a ciência contábil e dirigidos a estudantes e profissionais que atuam na área contábil, decidimos escrever a série **Fundamentos de Contabilidade**, para a Editora Érica.

Indicada para não contabilistas, esta série, que trata dos fundamentos de Contabilidade, é composta por cinco volumes e foi cuidadosamente preparada com linguagem objetiva e de fácil entendimento, seguindo a mesma metodologia de parte dos 21 livros que foram escritos por mim entre 1983 e 2018. Este livro teve origem nas obras *Contabilidade Geral* e *Contabilidade Básica*, ambas de minha autoria, publicadas pelo selo SaraivaUni.

A Contabilidade é uma ciência presente em todos os setores das atividades humanas, e seu conhecimento ajuda as pessoas não só no desenvolvimento de suas atividades profissionais, como também no gerenciamento de seus negócios particulares.

Os estudantes de Contabilidade e os contabilistas (profissionais que atuam na área contábil) encontram nesses livros os conhecimentos necessários para o bom desenvolvimento de seus estudos e o bom desempenho de suas atividades profissionais. Os estudantes e os profissionais de outras áreas, bem como as pessoas em geral, todos considerados não contabilistas, que, em seus estudos, no exercício de suas atividades profissionais ou mesmo no gerenciamento de seus negócios particulares necessitam de conhecimentos de Contabilidade, encontram, a partir de agora, nos livros da série **Fundamentos de Contabilidade**, as informações necessárias para alcançar seus intentos.

Por que esta série é indicada para não contabilistas? Porque, por tratar dos fundamentos de contabilidade, ela foi escrita com base somente em normas contábeis, sem interferência de legislação alguma.

Qual é a proposta dos livros da série **Fundamentos de Contabilidade**? Oferecer a você os fundamentos de Contabilidade, conhecimentos necessários para que possa entender e interpretar com facilidade as informações apresentadas nas demonstrações contábeis, produtos finais da Contabilidade.

Assim, no Volume 1 você estuda e aprende as noções de Contabilidade, adquirindo o pleno domínio do mecanismo do débito e do crédito, conhecimento imprescindível que o habilita a estudar e compreender com muita facilidade qualquer assunto envolvendo a Ciência Contábil; no Volume 2, você avança um pouco mais nos estudos e aprende a apurar o resultado do período (exercício social) de empresas comerciais aplicando o regime de competência; no Volume 3, você estuda a estrutura das Demonstrações Contábeis, aprende a elaborá-las e fica sabendo o que é, para que serve e como extrair informações úteis de cada uma delas; no Volume 4, você amplia um pouco mais seus conhecimentos, aprendendo a interpretar e analisar os dados apresentados nas Demonstrações Contábeis; e, no Volume 5, você complementa seus conhecimentos estudando e aprendendo as noções de custos com ênfase no custo industrial.

Nosso maior propósito é colaborar para que o ensino e a aprendizagem da Contabilidade fiquem cada vez mais fáceis e acessíveis a um número cada vez maior de pessoas interessadas.

O autor

SOBRE O AUTOR

Osni Moura Ribeiro é bacharel em Ciências Contábeis e professor de Contabilidade Geral, Comercial, Intermediária, Avançada, Gerencial, Pública, Tributária, de Custos, Auditoria e Análise de Demonstrações Contábeis.

Já ocupou cargo de contador, analista contábil, inspetor contábil, auditor e agente fiscal de rendas da Secretaria da Fazenda do Estado de São Paulo.

Atua como auditor e consultor de órgãos públicos e empresas particulares. É, ainda, palestrante e autor de diversas obras publicadas pela Saraiva Educação.

SUMÁRIO

CAPÍTULO 1 – DEMONSTRAÇÕES CONTÁBEIS 13
    1.1   Conceito e finalidade 14
    1.2   Usuários 14
    1.3   Conjunto completo de Demonstrações Contábeis 15
    1.4   Características qualitativas da informação contábil-financeira útil 15
        1.4.1   Introdução 15
        1.4.2   Características qualitativas fundamentais 16
        1.4.3   Características qualitativas de melhoria 18
    1.5   Outras informações importantes 19

CAPÍTULO 2 – BALANÇO PATRIMONIAL 25
    2.1   Entendendo o Balanço Patrimonial 26
    2.2   Conceito 28
    2.3   Estrutura do Balanço Patrimonial 28
    2.4   Elaboração do Balanço Patrimonial 29
    2.5   Modelo de Balanço Patrimonial 30
    2.6   Estudo dos componentes do Balanço Patrimonial 33
        2.6.1   Ativo 33
        2.6.2   Passivo 36
        2.6.3   Patrimônio Líquido 39
        2.6.4   Contas Redutoras do Balanço 40

CAPÍTULO 3 – DEMONSTRAÇÃO DO RESULTADO DO PERÍODO 45
    3.1   Entendendo a Demonstração do Resultado do Período 46
    3.2   Conceito 47
    3.3   Estrutura da DRP 47
    3.4   Elaboração da DRP 47
    3.5   Modelos de DRP 51
        3.5.1   Modelo 1 51
        3.5.2   Modelo 2 52

3.6　Estudo dos componentes da DRP 53
　　3.6.1　Receita Operacional Bruta ou Receita Bruta de Vendas 54
　　3.6.2　Deduções e Abatimentos 54
　　3.6.3　Receita Operacional Líquida ou Receita Líquida de Vendas 54
　　3.6.4　Custos Operacionais 54
　　3.6.5　Lucro Operacional Bruto 55
　　3.6.6　Despesas Operacionais 55
　　3.6.7　Outras Receitas Operacionais 55
　　3.6.8　Resultado da Equivalência Patrimonial 55
　　3.6.9　Resultado antes das Despesas e Receitas Financeiras 56
　　3.6.10　Despesas Financeiras 56
　　3.6.11　Receitas Financeiras 56
　　3.6.12　Resultado antes dos Tributos sobre o Lucro 56
　　3.6.13　Tributos Incidentes sobre o Lucro Líquido 56
　　3.6.14　Resultado Líquido das Operações Continuadas 56
　　3.6.15　Resultado Líquido das Operações Descontinuadas 56
　　3.6.16　Resultado Líquido do Período 57
　　3.6.17　Participações 57
　　3.6.18　Lucro Líquido do Exercício 58
　　3.6.19　Resultado Líquido do Período Atribuível aos Acionistas
　　　　　　Não Controladores e aos Acionistas Controladores 59
　　3.6.20　Lucro Líquido ou Prejuízo por Ação do Capital 59

CAPÍTULO 4 – DEMONSTRAÇÃO DE LUCROS OU PREJUÍZOS ACUMULADOS 65
4.1　Entendendo a Demonstração de Lucros ou Prejuízos Acumulados 66
4.2　Conceito 67
4.3　Estrutura da DLPA 68
4.4　Elaboração da DLPA 68
4.5　Modelo de DLPA 69
4.6　Estudo dos componentes da DLPA 69
　　4.6.1　Saldo no início do período 69
　　4.6.2　Ajustes de exercícios anteriores 69
　　4.6.3　Saldo Ajustado 71
　　4.6.4　Lucro ou Prejuízo do Exercício 71
　　4.6.5　Reversão de Reservas 71
　　4.6.6　Saldo à Disposição 72
　　4.6.7　Destinação do Exercício 72
　　4.6.8　Dividendos por Ação 73

CAPÍTULO 5 – DEMONSTRAÇÃO DO RESULTADO ABRANGENTE 75
5.1　Entendendo a Demonstração do Resultado Abrangente 76
5.2　Conceito 77

5.3	Estrutura da DRA	78
5.4	Modelo	79

CAPÍTULO 6 – DEMONSTRAÇÃO DAS MUTAÇÕES DO PATRIMÔNIO LÍQUIDO ... 83

6.1	Entendendo a Demonstração das Mutações do Patrimônio Líquido	84
6.2	Conceito	85
6.3	Estrutura da DMPL	85
6.4	Elaboração da DMPL	85
6.5	Modelo de DMPL	85

CAPÍTULO 7 – DEMONSTRAÇÃO DOS FLUXOS DE CAIXA ... 89

7.1	Entendendo a Demonstração dos Fluxos de Caixa	90
7.2	Conceito	91
7.3	Conceito de Caixa e Equivalentes de Caixa	91
7.4	Estrutura da DFC	92
7.5	Classificação das entradas e saídas de Caixa por atividades	92
7.6	Transações que devem integrar a DFC	93
	7.6.1 Atividades operacionais	93
	7.6.2 Atividades de investimento	93
	7.6.3 Atividades de financiamento	94
7.7	Transações que não devem integrar a DFC	95
7.8	Métodos de Estruturação da DFC	95
	7.8.1 Método Indireto	95
	7.8.2 Método Direto	97
7.9	Como elaborar a DFC	99

CAPÍTULO 8 – DEMONSTRAÇÃO DO VALOR ADICIONADO ... 105

8.1	Entendendo a Demonstração do Valor Adicionado	106
8.2	Conceito	106
8.3	Riqueza de informações	107
8.4	Elaboração da DVA	108
8.5	Estrutura da DVA	108
8.6	Modelo de DVA	108
8.7	Instruções para o preenchimento da DVA	110

CAPÍTULO 9 – NOTAS EXPLICATIVAS ... 115

9.1	Entendendo as Notas Explicativas	116
9.2	Conceito	116
9.3	Notas Explicativas segundo as Normas Contábeis	117

CAPÍTULO 10 – EXEMPLO PRÁTICO 119

    10.1 Exemplo Prático Solucionado 120

        10.1.1 Balanço Patrimonial levantado em 31.12.X1 120

        10.1.2 Fatos ocorridos durante o exercício de X2 121

        10.1.3 Roteiro e instruções para apuração do resultado e elaboração das Demonstrações Contábeis 122

        10.1.4 Solução 124

MENSAGEM FINAL 158

BIBLIOGRAFIA 159

CAPÍTULO

1

DEMONSTRAÇÕES CONTÁBEIS

1.1 Conceito e finalidade

Demonstrações Contábeis, também denominadas Demonstrações Financeiras ou Relatórios Contábil-financeiros, são os produtos finais da contabilidade.

Você já sabe que a Contabilidade é uma ciência presente em todos os setores das atividades humanas, seja por sua função histórica, registrando a vida das entidades, seja como importante instrumento de controle do patrimônio e de suas variações, fornecendo informações de várias naturezas acerca da movimentação desse patrimônio, informações estas úteis para as tomadas de decisões por parte de seus usuários.

A maior parte dessas informações é apresentada por meio de Demonstrações Contábeis elaboradas com fundamento nos registros contábeis da entidade.

Conforme estabelecem as normas contábeis, as Demonstrações Contábeis são uma representação estruturada da posição patrimonial e financeira e do desempenho da entidade.

As Demonstrações Contábeis também objetivam apresentar os resultados da atuação da administração na movimentação da entidade e sua capacitação na prestação de contas quanto aos recursos que lhe foram confiados.

As demonstrações mais importantes são aquelas que têm como finalidade evidenciar a posição financeira, o desempenho, o fluxo de caixa, as variações que ocorrem no Patrimônio Líquido, além da origem e da distribuição da riqueza gerada pela entidade em determinado período.

Para cada tipo de informação há uma demonstração apropriada:

- a posição financeira é evidenciada por meio do Balanço Patrimonial;
- o desempenho é evidenciado por meio da Demonstração do Resultado do Período e da Demonstração do Resultado Abrangente do Período;
- os fluxos de caixa são evidenciados por meio da Demonstração dos Fluxos de Caixa;
- as variações ocorridas no Patrimônio Líquido são demonstradas por meio da Demonstração das Mutações do Patrimônio Líquido; e
- a riqueza gerada e aplicada pela entidade é evidenciada por meio da Demonstração do Valor Adicionado.

Com fundamento nos registros contábeis, outras demonstrações podem ser elaboradas, como é o caso da Demonstração de Lucros ou Prejuízos Acumulados, exigida pela legislação societária brasileira.

Essa demonstração evidencia o movimento ocorrido na conta Lucros ou Prejuízos Acumulados (saldo inicial, ajustes de exercícios anteriores, lucro líquido apurado no exercício e sua destinação, prejuízo do exercício, quando for o caso, bem como o saldo no final do exercício).

1.2 Usuários

As informações apresentadas nas demonstrações contábeis são úteis para as tomadas de decisões por parte de seus usuários.

Os usuários das informações contábeis são as pessoas físicas e jurídicas que as utilizam para registrar e controlar a movimentação de seus patrimônios ou que, direta ou indiretamente, tenham interesse no controle, na apuração de resultados, na avaliação da situação patrimonial, econômica e financeira e na análise do desempenho (desenvolvimento) de uma ou mais entidades, como empresário (empresas individuais), sócios e acionistas (empresas societárias), gerentes, administradores, governo, fornecedores, clientes, bancos, investidores etc.

1.3 Conjunto completo de Demonstrações Contábeis

Há um conjunto de demonstrações contábeis que as entidades em geral são obrigadas a elaborar por exigências contidas nas normas contábeis, independentemente do país onde as entidades estejam instaladas. Contudo, as legislações de cada país poderão exigir a elaboração de um conjunto de demonstrações contábeis maiores ou menores que o exigido pelas normas contábeis.

Veja, então, o conjunto de demonstrações contábeis exigidas pelas normas contábeis:

- Balanço Patrimonial;
- Demonstração do Resultado do Período;
- Demonstração do Resultado Abrangente do Período;
- Demonstração das Mutações do Patrimônio Líquido;
- Demonstração dos Fluxos de Caixa;
- Demonstração do Valor Adicionado.

É importante destacar que as normas contábeis exigem que as entidades elaborem notas explicativas para complementar as informações apresentadas nas demonstrações contábeis.

1.4 Características qualitativas da informação contábil-financeira útil

1.4.1 Introdução

Para que haja uniformidade nas informações apresentadas nas demonstrações contábeis das entidades em geral, as normas contábeis estabelecem que elas devem ser elaboradas com observância das características qualitativas da informação contábil-financeira útil.

Essas características são tratadas pela norma internacional de contabilidade IFRS, denominada Estrutura Conceitual – Estrutura Conceitual para Elaboração e Divulgação de Relatório Contábil-Financeiro, introduzida no Brasil por meio do Pronunciamento Conceitual Básico do Comitê de Pronunciamentos Contábeis (CPC) com base no *The Conceptual Framework for Financial Reporting* (IASB – BV 2011 Blue Book).

Segundo essa norma contábil, se a informação contábil-financeira é para ser útil, ela precisa ser relevante e representar com fidedignidade o que se propõe a representar. A utilidade da informação contábil-financeira é melhorada se ela for comparável, verificável, tempestiva e compreensível.

Veja essas características nas seções a seguir.

nota
- Os textos das seções 1.4.2 e 1.4.3, com suas respectivas subseções, foram extraídos da norma contábil já mencionada neste capítulo, com os ajustes que julgamos convenientes para torná-los o mais didáticos possível.

1.4.2 Características qualitativas fundamentais

1.4.2.1 *Relevância*

Informação contábil-financeira relevante é aquela capaz de fazer diferença nas decisões que possam ser tomadas pelos usuários. A informação pode ser capaz de fazer diferença em uma decisão mesmo nos casos de alguns usuários decidirem não a levar em consideração ou naqueles em que já tiverem tomado ciência de sua existência por outras fontes.

Essa informação é capaz de fazer diferença nas decisões se tiver valor preditivo, valor confirmatório ou ambos. Ela tem valor preditivo se puder ser utilizada como dado de entrada em processos empregados pelos usuários para predizer futuros resultados. Contudo, ela não precisa ser uma predição ou uma projeção para que apresente valor preditivo.

A informação contábil-financeira com valor preditivo é empregada pelos usuários ao fazerem suas próprias predições. Ela também tem valor confirmatório se retroalimentar – servir de *feedback* – avaliações prévias (confirmá-las ou alterá-las).

O valor preditivo e o valor confirmatório da informação contábil-financeira estão inter-relacionados. A informação que tem valor preditivo, muitas vezes, também tem valor confirmatório. Por exemplo, a informação sobre receita para o ano corrente, a qual pode ser utilizada como base para predizer receitas para anos futuros, também pode ser comparada com predições de receita para o ano corrente que foram feitas nos anos anteriores. Os resultados dessas comparações podem auxiliar os usuários a corrigir e a melhorar os processos que foram utilizados para fazer tais predições.

Há um aspecto muito importante que precisa ser levado em conta quando se avalia se uma informação é ou não relevante. Trata-se da materialidade.

A informação é material se sua omissão ou sua divulgação distorcida puder influenciar decisões que os usuários tomam com base na informação contábil-financeira acerca de uma entidade específica que reporta a informação. Em outras palavras, a materialidade é um aspecto de relevância específico da entidade baseado na natureza ou na magnitude, ou em ambos, dos itens aos quais a informação está relacionada no contexto do relatório contábil-financeiro de uma entidade. Consequentemente, não se pode especificar um limite quantitativo uniforme para materialidade ou predeterminar o que seria julgado material para uma situação particular.

Finalmente, é importante destacar, conforme dissemos, que a materialidade é um aspecto muito importante que deve ser considerado na determinação da relevância da informação contábil.

1.4.2.2 *Representação fidedigna*

Os **relatórios contábil-financeiros** representam um fenômeno econômico em palavras e números. Para ser útil, a informação contábil-financeira não deve apenas representar um fenômeno relevante, mas deve também representar com fidedignidade o fenômeno que se propõe a representar.

Para que haja uma representação perfeitamente fidedigna, a realidade retratada precisa ter três atributos. Ela tem de ser completa, neutra e livre de erros. Obviamente, a perfeição é rara, se de fato for alcançável. O objetivo é maximizar os referidos atributos na extensão que seja possível.

O retrato da realidade econômica completo deve incluir toda a informação necessária para que o usuário compreenda o fenômeno sendo retratado, incluindo todas as descrições e explicações necessárias. Por exemplo, um retrato completo de um grupo de ativos incluiria, no mínimo, a descrição da natureza dos ativos que compõem o grupo, o retrato numérico desses ativos e a descrição acerca do que o retrato numérico representa (por exemplo, custo histórico original, custo histórico ajustado ou valor justo).

Para alguns itens, um retrato completo pode considerar, ainda, explicações de fatos significativos sobre a qualidade e a natureza desses itens, fatos e circunstâncias que podem afetar a qualidade e a natureza deles e os processos utilizados para determinar os números retratados.

Um retrato neutro da realidade econômica é desprovido de viés na seleção ou na apresentação da informação contábil-financeira. Esse retrato não deve ser distorcido com contornos que possa receber, dando a ele maior ou menor peso, ênfase maior ou menor ou qualquer outro tipo de manipulação que aumente a probabilidade de a informação contábil-financeira ser recebida por seus usuários de modo favorável ou desfavorável.

Informação neutra não significa informação sem propósito ou sem influência no comportamento dos usuários. A bem da verdade, informação contábil-financeira relevante, por definição, é aquela capaz de fazer diferença nas decisões tomadas pelos usuários.

Representação fidedigna não significa exatidão em todos os aspectos. Um retrato da realidade econômica livre de erros significa que não há erros ou omissões no fenômeno retratado e que o processo utilizado para produzir a informação reportada foi selecionado e foi aplicado livre de erros.

Nesse sentido, um retrato da realidade econômica livre de erros não significa algo perfeitamente exato em todos os aspectos. Por exemplo, a estimativa de preço ou valor não observável não pode ser qualificada como algo exato ou inexato. Entretanto, a representação dessa estimativa pode ser considerada fidedigna se o montante for descrito clara e precisamente como uma estimativa, se a natureza e as limitações do processo forem devidamente reveladas e nenhum erro tiver sido cometido na seleção e aplicação do processo apropriado para o desenvolvimento da estimativa.

A representação fidedigna, por si só, não resulta necessariamente em informação útil. Por exemplo, uma determinada entidade que recebeu um bem de uso por meio de subvenção governamental retrataria com fidedignidade o custo desse ativo ao informar que adquiriu um ativo sem custo. Porém, é pouco provável que essa informação seja muito útil.

Outro exemplo mais sutil seria a estimativa do montante por meio do qual o valor contábil do ativo seria ajustado para refletir a perda por desvalorização em seu valor. Essa estimativa pode ser uma representação fidedigna se a entidade que reporta a informação tiver aplicado com propriedade o processo apropriado, tiver descrito com propriedade a estimativa e tiver revelado quaisquer incertezas que afetam significativamente a estimativa. Entretanto, se o nível de incerteza da referida estimativa for suficientemente alto, a estimativa não será particularmente útil. Em outras palavras, a relevância do ativo que está sendo representado com fidedignidade será questionável. Se não existir alternativa para retratar a realidade econômica que seja mais fidedigna, a estimativa, nesse caso, deve ser considerada a melhor informação disponível.

> **nota**
> - É importante ressaltar que a informação deve, concomitantemente, ser relevante e representar com fidedignidade a realidade reportada (revelada) para ser útil.

1.4.3 Características qualitativas de melhoria

Como o próprio nome diz, a aplicação dessas características colabora com a melhoria da qualidade das informações apresentadas nas demonstrações contábeis.

1.4.3.1 *Comparabilidade*

As decisões de usuários implicam escolhas entre alternativas, por exemplo, vender ou manter um investimento ou investir em uma entidade ou em outra. Consequentemente, a informação acerca da entidade que reporta informação será mais útil caso possa ser comparada com informação similar sobre outras entidades e com informação similar sobre a mesma entidade para outro período ou para outra data.

Comparabilidade, portanto, é a característica qualitativa que permite que os usuários identifiquem e compreendam as similaridades dos itens e as diferenças entre eles.

Diferentemente de outras características qualitativas, a comparabilidade não está relacionada com um único item. A comparação requer no mínimo dois itens.

A consistência, embora esteja relacionada com a comparabilidade, não significa o mesmo, pois se refere ao uso dos mesmos métodos para os mesmos itens, tanto de um período para outro, considerando a mesma entidade que reporta a informação, quanto para um único período entre entidades; a comparabilidade é o objetivo, ao passo que a consistência auxilia a alcançar esse objetivo.

Comparabilidade não significa uniformidade. Para que a informação seja comparável, coisas iguais precisam parecer iguais e coisas diferentes precisam parecer diferentes. A comparabilidade da informação contábil-financeira não é aprimorada ao fazer que coisas diferentes pareçam iguais ou, ainda, ao fazer coisas iguais parecerem diferentes.

1.4.3.2 *Verificabilidade*

A **verificabilidade** ajuda a assegurar aos usuários que a informação representa fidedignamente o fenômeno econômico que se propõe representar.

A verificabilidade significa que diferentes observadores, cônscios e independentes, podem chegar a um consenso, embora não cheguem necessariamente a um completo acordo, quanto ao retrato de uma realidade econômica em particular ser uma representação fidedigna.

A informação quantificável não necessita ser um único ponto estimado para que seja verificável. Uma faixa de possíveis montantes, com suas respectivas probabilidades, pode também ser verificável. A verificação pode ser direta ou indireta.

Verificação direta significa verificar um montante ou outra representação por meio de observação direta, por exemplo, por meio da contagem de caixa.

Verificação indireta significa checar os dados de entrada do modelo, da fórmula ou de outra técnica e recalcular os resultados obtidos por meio da aplicação da mesma metodologia. Um exemplo é a verificação do valor contábil dos estoques por meio da checagem dos dados de entrada (quantidades e custos) e do recálculo do saldo final dos estoques utilizando a mesma premissa adotada no fluxo do custo (por exemplo, utilizando o método PEPS[1]).

1.4.3.3 *Tempestividade*

Tempestividade significa ter informação disponível para tomadores de decisão a tempo de poder influenciá-los em suas decisões.

Em geral, a informação mais antiga é a que tem menos utilidade. Contudo, certa informação pode ter seu atributo tempestividade prolongado após o encerramento do período contábil, em decorrência de alguns usuários, por exemplo, necessitarem identificar e avaliar tendências.

1.4.3.4 *Compreensibilidade*

Classificar, caracterizar e apresentar a informação com clareza e concisão são ações que a tornam compreensível. Certos fenômenos são inerentemente complexos e não podem ser compreendidos com facilidade. A exclusão de informações sobre esses fenômenos dos relatórios contábil-financeiros pode tornar a informação constante nos referidos relatórios mais facilmente compreendida. Contudo, estes seriam considerados incompletos e potencialmente distorcidos.

Relatórios contábil-financeiros são elaborados para usuários que têm conhecimento razoável de negócios e de atividades econômicas e que revisem e analisem a informação de modo diligente. Por vezes, mesmo os usuários bem informados e diligentes podem sentir a necessidade de procurar ajuda de um consultor para compreender a informação sobre um fenômeno econômico complexo.

1.5 Outras informações importantes

Na elaboração de demonstrações contábeis (demonstrações financeiras ou relatórios contábil-financeiros), além das características qualitativas estudadas na Seção 1.4, é preciso considerar os seguintes requisitos:

- A entidade deve identificar com clareza cada demonstração contábil e nota explicativa e distingui-las de outras informações eventualmente apresentadas no mesmo documento. Além disso, a entidade deve evidenciar as seguintes informações de maneira destacada e repetida, quando for necessário:
    a) o nome da entidade;
    b) se a demonstração contábil se refere a uma entidade individual ou a um grupo de entidades;

---

[1] Critério de avaliação de estoques será estudado na seção 5.2 do volume 5 desta série, intitulado Noções de Custos.

- c) a data de encerramento do período de divulgação e o período coberto pela demonstração contábil;
- d) a moeda de apresentação;
- e) o nível de arredondamento, se existente, utilizado na apresentação de valores da respectiva demonstração. Para fins de publicação das demonstrações contábeis, pode-se adotar como expressão monetária o milhar da moeda corrente no país da sede da entidade.

- A entidade deve apurar seus resultados e apresentar suas demonstrações contábeis pelo menos uma vez por ano. O normal é que esse procedimento ocorra no final de cada exercício social. O exercício social é um período composto por 12 meses e deve coincidir com o ano civil, iniciando no dia 1º de janeiro e terminando no dia 31 de dezembro do mesmo ano.
- Quando as datas de apuração de resultados e elaboração das demonstrações contábeis para divulgação forem alteradas e as demonstrações contábeis forem apresentadas para um período mais longo ou mais curto que um ano, as normas contábeis determinam que a entidade deve divulgar em notas explicativas as seguintes informações:
  - a) esse fato;
  - b) a razão para a utilização de período mais longo ou mais curto;
  - c) o fato de os valores comparativos apresentados nas demonstrações contábeis (incluindo as notas explicativas) não serem inteiramente comparáveis.
- A entidade deve manter a uniformidade na apresentação e na classificação de itens nas demonstrações contábeis de um período para outro. Esse procedimento garante a comparabilidade dos dados informados.
- As demonstrações contábeis devem apresentar informação comparativa com respeito ao período anterior para todos os valores relativos ao período findo.
- A entidade deve divulgar as seguintes informações nas notas explicativas:
  - a) o domicílio e a forma legal da entidade, seu país de registro e o endereço de seu escritório central (ou principal local de operação, se diferente do escritório central);
  - b) descrição da natureza das operações da entidade e de suas principais atividades.
- As Sociedades Anônimas de Capital Aberto (aquelas que têm autorização para negociar suas ações no mercado de capitais) são obrigadas a publicar suas demonstrações contábeis, anualmente, no órgão oficial do país onde estiverem localizadas suas sedes. Essas entidades, por força da legislação do país onde estiverem instaladas, poderão estar obrigadas a divulgar suas demonstrações contábeis por outros meios, inclusive pela internet. Essas entidades, além dos requisitos anteriormente apresentados, deverão observar que:
  - a) as Demonstrações Contábeis deverão ser apresentadas com duas colunas de valores, sendo que na da esquerda figurarão os valores relativos ao exercício findo e, na da direita, os valores relativos ao exercício anterior;
  - b) as contas semelhantes poderão ser agrupadas;
  - c) os pequenos saldos poderão ser agregados, desde que indicada sua natureza nas notas explicativas e não ultrapassem um décimo do valor do respectivo grupo de contas;

d) não utilizar designações genéricas, como "diversas contas" ou "contas-correntes", porque isso prejudica a compreensibilidade (clareza) das informações;
e) as informações apresentadas nas demonstrações serão complementadas por Notas Explicativas e outros quadros analíticos ou Demonstrações Contábeis necessários para esclarecimento da situação patrimonial, financeira e do desempenho da entidade.
f) para garantir a fidedignidade das informações apresentadas nas demonstrações contábeis, sobretudo daquelas que são objeto de publicação, cujos dados serão analisados por usuários externos, é imprescindível que elas sejam auditadas por auditores independentes, isto é, por profissionais de fora da entidade auditada com formação técnica e competência para realizar essa tarefa.

Atividades Teóricas

1. **Responda:**
   1.1 Segundo as normas contábeis, o que são demonstrações contábeis?
   1.2 Como se denominam as pessoas que fazem uso das informações contidas nas demonstrações contábeis?
   1.3 Cite dois usuários internos das demonstrações contábeis.
   1.4 Cite três usuários externos das demonstrações contábeis.
   1.5 Cite quatro demonstrações contábeis que as entidades devem elaborar no final de cada exercício social.
   1.6 Qual a finalidade das Notas Explicativas?
   1.7 Segundo as normas contábeis, quais são as condições para que a informação contábil-financeira seja útil?
   1.8 Cite duas características que contribuem para a melhoria da informação contábil.
   1.9 O que é uma informação contábil relevante?
   1.10 Em que circunstância uma informação é considerada material?
   1.11 Para ser uma representação perfeitamente fidedigna, a realidade retratada precisa ter três atributos. Quais são eles?
   1.12 Qual é o objetivo das características qualitativas de melhoria?
   1.13 Em que consiste a característica qualitativa da comparabilidade?
   1.14 Qual a finalidade da característica qualitativa da verificabilidade?
   1.15 O que torna uma informação compreensível?
   1.16 Cite três informações que devem constar da identificação de cada demonstração contábil.
   1.17 Em que época a entidade deve apurar seus resultados e elaborar suas demonstrações contábeis?
   1.18 Por que a entidade deve manter a uniformidade na apresentação e na classificação de itens nas demonstrações contábeis de um período para outro?
   1.19 Que tipo de entidade deve divulgar suas demonstrações contábeis e respectivas Notas Explicativas nos jornais de grande circulação, com duas colunas de valores, sendo uma para o exercício anterior, e outra, para o atual?
   1.20 Por que as entidades sujeitas a publicar suas demonstrações devem submetê-las a auditoria?

2. **Classifique as afirmativas em falsas (F) ou verdadeiras (V):**
   2.1 ( ) As expressões a seguir significam a mesma coisa: demonstrações contábeis, demonstrações financeiras e relatórios contábil-financeiros.
   2.2 ( ) As demonstrações contábeis são os produtos finais da Contabilidade e apresentam informações sobre a movimentação do patrimônio.
   2.3 ( ) As informações apresentadas nas demonstrações contábeis são fundamentadas nos registros contábeis da entidade; contudo, as informações apresentadas em relatórios contábil-financeiros são extraídas das publicações em jornais de grande circulação ou na internet.
   2.4 ( ) As demonstrações contábeis também não visam apresentar os resultados da atuação da administração na movimentação da entidade e sua capacitação na prestação de contas quanto aos recursos que lhe foram confiados.
   2.5 ( ) São características qualitativas fundamentais: a relevância e a materialidade.
   2.6 ( ) São características qualitativas fundamentais: a relevância e a fidedignidade.
   2.7 ( ) A informação contábil-financeira é capaz de fazer diferença nas decisões se tiver valor preditivo, valor confirmatório ou ambos.
   2.8 ( ) Com relação à materialidade, é imprescindível especificar um limite quantitativo uniforme.
   2.9 ( ) Representação fidedigna significa exatidão em todos os aspectos.
   2.10 ( ) Sem considerar as características de melhoria, é correto afirmar que a informação deve, concomitantemente, ser relevante e representar com fidedignidade a realidade reportada para ser útil.
   2.11 ( ) Comparabilidade significa uniformidade.
   2.12 ( ) Nas Notas Explicativas, a entidade deve informar seu domicílio, sua forma legal e o país de registro e o endereço de seu escritório central.

3. **Escolha a alternativa correta:**
   3.1 A posição financeira do patrimônio é revelada por meio da seguinte demonstração contábil:
   a) Balanço Patrimonial.
   b) Demonstração do Resultado do Período.
   c) Demonstração do Resultado Abrangente do Período.
   d) Demonstração dos Fluxos de Caixa.
   e) Demonstração do Valor Adicionado.

   3.2 O desempenho da entidade é revelado por meio da seguinte demonstração contábil:
   a) Balanço Patrimonial.
   b) Demonstração do Resultado do Período.
   c) Demonstração do Resultado Abrangente do Período.
   d) Demonstração dos Fluxos de Caixa.
   e) As alternativas "b" e "c" estão corretas.

   3.3 O fluxo de entradas e saídas de dinheiro na entidade é revelado por meio da seguinte demonstração contábil:
   a) Balanço Patrimonial.
   b) Demonstração do Resultado do Período.

c) Demonstração do Resultado Abrangente do Período.
d) Demonstração dos Fluxos de Caixa.
e) Demonstração do Valor Adicionado.

3.4 A riqueza gerada e aplicada pela entidade é revelada por meio da seguinte demonstração contábil:
a) Balanço Patrimonial.
b) Demonstração do Resultado do Período.
c) Demonstração do Resultado Abrangente do Período.
d) Demonstração dos Fluxos de Caixa.
e) Demonstração do Valor Adicionado.

3.5 As variações ocorridas entre as contas do Patrimônio Líquido são evidenciadas por meio da seguinte demonstração:
a) Balanço Patrimonial.
b) Demonstração do Resultado do Período.
c) Demonstração do Resultado Abrangente do Período.
d) Demonstração dos Fluxos de Caixa.
e) Nenhuma das alternativas anteriores.

3.6 As entidades devem observar as características qualitativas da informação contábil-financeira útil ao elaborar suas demonstrações contábeis para:
a) manter a tempestividade.
b) manter a relevância.
c) manter a uniformidade.
d) manter a materialidade.
e) Nenhuma das alternativas anteriores.

3.7 A utilidade da informação contábil-financeira é melhorada se ela for:
a) comparável.
b) verificável.
c) tempestiva.
d) compreensível.
e) Todas as alternativas anteriores estão corretas.

3.8 A materialidade é um aspecto importante para considerar uma informação:
a) fidedigna.
b) comparável.
c) verificável.
d) relevante.
e) tempestiva.

3.9 A consistência está relacionada com a característica qualitativa:
a) da relevância.
b) da comparabilidade.
c) da verificabilidade.
d) Todas as alternativas anteriores estão corretas.
e) Todas as alternativas anteriores estão incorretas.

3.10 Ter informação disponível para tomadores de decisão a tempo de poder influenciá-los em suas decisões é o objetivo da característica qualitativa da:
a) comparabilidade.
b) verificabilidade.
c) tempestividade.
d) compreensibilidade.
e) Nenhuma das alternativas anteriores.

CAPÍTULO

2

BALANÇO PATRIMONIAL

2.1 Entendendo o Balanço Patrimonial

O que é o Balanço Patrimonial, para que serve e quais informações é possível extrair dele? Respostas:

a) O **Balanço Patrimonial** é uma demonstração contábil (ou relatório contábil) elaborada com dados extraídos da escrituração contábil da entidade.
b) Tem a finalidade de evidenciar qualitativa e quantitativamente, em determinada data, o Patrimônio e o Patrimônio Líquido da Entidade.
c) Ao consultar o Balanço Patrimonial, você pode extrair muitas informações sobre o patrimônio da entidade. De imediato e sem embaraço algum, pode extrair três informações muito importantes:
   1º O tamanho da entidade, isto é, se ela é de pequeno, médio ou grande porte. Para obter essa informação, basta conferir o total do Ativo.
   2º A parte do patrimônio que pertence ao proprietário.[1] Para obter essa informação, basta verificar o total do Patrimônio Líquido. Você já sabe que o Patrimônio Líquido é a parte do patrimônio que restaria ao proprietário se ele decidisse encerrar as atividades da entidade.
   3º Quem investiu mais na entidade, se o proprietário ou terceiros. Você pode obter essa informação de várias maneiras. Uma delas é fazendo uma simples conta: subtraindo o total do Patrimônio Líquido do total do Ativo. Como o Patrimônio Líquido mostra o montante investido na entidade pelo proprietário, a diferença encontrada, obviamente, foi investida por terceiros.
   Esse mesmo resultado é possível obter comparando-se o total do Exigível total com o total do Patrimônio Líquido. Caso no Balanço que você estiver observando não haja indicação do Exigível Total, você poderá obter esse montante somando o total do Passivo Circulante ao total do Passivo Não Circulante.

Se você quiser explorar um pouco mais as informações contidas no Balanço Patrimonial, visto que ele é rico em informações, poderá:

- saber a origem do patrimônio da entidade, isto é, como a entidade conseguiu os recursos totais para investir em seu Ativo. Essa resposta você obtém verificando o Passivo, que revela a origem dos recursos totais que a entidade tem a sua disposição, os quais ela está utilizando conforme mostra o Ativo do Balanço Patrimonial.

    Portanto, no Passivo Circulante e no Passivo Não Circulante estão os recursos ou capitais derivados de terceiros, e no Patrimônio Líquido, os recursos ou os capitais colocados na entidade pelo proprietário (capitais próprios).

---

[1] É importante destacar que, para fins didáticos, neste livro utilizaremos, preferencialmente, a palavra "proprietário" para representar o dono ou a palavra "proprietários" para representar os donos da entidade. Você já sabe que quando a entidade tem mais de um dono, ela é uma sociedade, cujos donos podem ser chamados englobadamente de sócios ou, ainda, de quotistas ou acionistas.

Noções de Demonstrações Contábeis

Se você quiser conhecer mais detalhes dos capitais de terceiros, basta ler cada uma das contas apresentadas no Passivo Circulante e no Passivo Não Circulante. Do mesmo modo, se pretender conhecer mais detalhes sobre os capitais próprios, basta ler as contas apresentadas no Patrimônio Líquido.

- Observando o Ativo, você visualiza em que a entidade aplicou os recursos totais que tem a sua disposição.
- No Ativo Circulante, você conhece o montante de recursos que foram aplicados em bens e direitos que estão em circulação constante na entidade, isto é, que representam dinheiro (Disponibilidades) ou que serão transformados em dinheiro em um prazo não superior a um ano. O Ativo Circulante também é denominado **capital de giro da empresa**.
- No Ativo Não Circulante, você conhece o montante dos recursos aplicados em bens e direitos, cuja realização em dinheiro se dará em prazo superior a um ano, bem como o montante dos bens e direitos para os quais a empresa não tem intenção de que sejam realizados em dinheiro.

    Veja melhor:
    a) No grupo do Ativo Realizável a Longo Prazo, são apresentadas contas representativas de bens e direitos que serão transformados em dinheiro em prazo superior a um ano;
    b) No grupo de Investimentos, você encontra contas representativas da aplicação de recursos no capital de outras sociedades, cujas aplicações visam complementar as atividades operacionais da empresa e para os quais ela não definiu uma data para converter em dinheiro. É importante destacar que os investimentos no capital de outras sociedades geram rendimentos para a investidora, uma vez que as investidas distribuem parte de seus lucros para as investidoras;
    c) No grupo do Imobilizado, você encontra as contas representativas de investimentos de recursos em bens de uso, isto é, em bens por meio dos quais a entidade alcançará seu fim;
    d) No grupo Intangível, você encontra contas representativas de investimentos de recursos em bens imateriais.
- Comparando o total do Ativo Circulante com o total do Passivo Circulante, em linhas gerais, você fica sabendo se a entidade tem recursos financeiros suficientes para cumprir seus compromissos de curto prazo. Quando o total do Ativo Circulante superar o total do Passivo Circulante, a diferença denomina-se capital circulante líquido.

Enfim, essas são informações que você poderá obter a partir da simples contemplação dos dados apresentados no Balanço Patrimonial. No volume 4 desta série, intitulado *Noções de Análise das Demonstrações Contábeis*, você aprenderá a extrair muitas outras informações do Balanço Patrimonial, aplicando fórmulas de análise já consagradas pela Ciência Contábil.

Se você julgar que os esclarecimentos apresentados até aqui nesta seção foram suficientes e atendem às suas necessidades, poderá desprezar as demais seções e passar para o próximo capítulo. Contudo, se julgar que para seus interesses será preciso conhecer um pouco mais do Balanço Patrimonial, então, sugerimos que estude as seções a seguir.

2.2 Conceito

Conforme já vimos, o Balanço Patrimonial é a demonstração contábil destinada a evidenciar, qualitativa e quantitativamente, em determinada data, o Patrimônio e o Patrimônio Líquido da Entidade.

Essa demonstração deve compreender todos os Bens e Direitos, tanto Tangíveis (materiais) como Intangíveis (imateriais), as Obrigações e o Patrimônio Líquido da Entidade.

O Balanço Patrimonial, portanto, revela a real situação patrimonial, econômica e financeira da Entidade em determinado momento.

2.3 Estrutura do Balanço Patrimonial

O Balanço Patrimonial deve ser estruturado de modo que facilite o conhecimento e a análise da situação financeira da entidade.

É importante não confundir a situação financeira evidenciada no Balanço Patrimonial com os fluxos de caixa evidenciados na Demonstração dos Fluxos de Caixa.

A Demonstração dos Fluxos de Caixa revela o fluxo de entradas e saídas de dinheiro na entidade no período de sua abrangência. Possibilita o conhecimento do montante de dinheiro que ingressou, do montante de dinheiro que saiu e do montante de dinheiro que permaneceu na entidade no fim do período de sua abrangência, mas não permite saber se esse montante é suficiente ou não para cobrir os compromissos imediatos de curto e de longo prazo da entidade.

Portanto, a situação financeira evidenciada pelo Balanço Patrimonial, embora não possibilite o conhecimento da origem dos recursos financeiros ingressados na empresa nem o destino do montante que não permaneceu no patrimônio, permite o conhecimento da capacidade que a empresa tem para cumprir seus compromissos imediatos de curto e de longo prazo. Mais detalhes acerca da análise da situação financeira da empresa você encontra no já mencionado volume 4 desta série.

Tradicionalmente, o Balanço Patrimonial é apresentado em um gráfico em forma de "T". A letra "T" lembra uma balança de dois pratos: um à esquerda, e outro, à direita.

Você já estudou, no volume 1 desta série (*Noções de Contabilidade*), a composição do patrimônio e sabe por que ele é representado por meio do Balanço Patrimonial.

Sabe, também, que ficou convencionado que o lado esquerdo do Balanço é o lado do Ativo e que o lado direito do Balanço é o lado do Passivo. Portanto, ao olhar para um Balanço Patrimonial representado no gráfico em forma de "T", o lado direito, lado do Passivo, composto por obrigações e Patrimônio Líquido, revela a origem dos recursos totais que a empresa[2] tem à sua disposição e que estão aplicados no patrimônio.

As obrigações representam os recursos derivados de Terceiros (Capitais de Terceiros), ao passo que o Patrimônio Líquido mostra a origem dos recursos derivados dos proprietários (Capitais Próprios). O Ativo revela a aplicação desses recursos totais, isto é, mostra em que a empresa investiu todo o Capital (Próprio e de Terceiros) que tem à sua disposição.

---

[2] É importante lembrar que empresa é a modalidade de entidade que tem fins lucrativos. Para facilitar as explicações em determinadas circunstâncias, utilizamos essa palavra para representar uma entidade ou organização que tem fins lucrativos.

2.4 Elaboração do Balanço Patrimonial

O Balanço Patrimonial é uma demonstração contábil muito fácil de ser elaborada. Pode ser trabalhosa, quando na contabilidade da empresa houver muitas contas e subcontas a serem arroladas; contudo, sua elaboração é uma tarefa bastante simples. Basta coletar do Livro Razão todas as contas patrimoniais com seus respectivos saldos e transcrevê-las no Balanço Patrimonial observando o posicionamento de cada conta, conforme constar do Plano de Contas que estiver em uso na empresa.

Porém, antes de coletar as contas patrimoniais com seus respectivos saldos, é preciso que o resultado do exercício tenha sido apurado e que todos os lançamentos necessários a essa apuração estejam devidamente registrados nos livros Diário e Razão, bem como em outros livros ou documentos, conforme requeira cada caso em particular.

Você já sabe que, no momento da apuração do resultado do exercício, vários procedimentos precisam ser realizados, sobretudo para que os saldos de todas as contas existentes na escrituração da empresa estejam devidamente ajustados e corretos, permitindo que o resultado apurado reflita de maneira adequada a real situação patrimonial, econômica e financeira da entidade.

Entre esses procedimentos está a análise cuidadosa dos saldos de todas as contas patrimoniais que comporão o Balanço Patrimonial da empresa, visando à correta avaliação desses saldos.

Segundo as normas contábeis, as entidades devem assegurar-se de que seus ativos estejam registrados contabilmente por valores que não excedam seus valores de recuperação. Em outras palavras, as entidades devem cuidar para que nenhum elemento do Ativo figure no Balanço com valor inferior àquele capaz de gerar fluxos de caixa futuros pela venda ou uso. Do mesmo modo, devem preocupar-se para que os elementos do passivo não figurem no Balanço com valores inferiores àqueles que representarão saídas efetivas de recursos financeiros futuros da empresa.

Para atender a essas exigências, no final de cada exercício social (momento da apuração dos resultados), a empresa deve proceder a uma rigorosa avaliação de seus elementos ativos e passivos. Essa avaliação envolve procedimentos como: ajuste de saldos de contas representativas de direitos e de obrigações a valor presente, reconhecimentos de perdas estimadas na realização de direitos, reconhecimentos de perdas em decorrência da aplicação do teste de recuperabilidade em bens de uso etc.

Portanto, depois que todos os procedimentos visando ao ajuste dos saldos das Contas Patrimoniais e de Resultado estiverem concluídos, o Resultado do Exercício apurado, as Deduções, as Participações, bem como as Destinações do Resultado do Exercício devidamente calculadas e contabilizadas, somente permanecerão com saldos no Livro Razão as Contas Patrimoniais, as quais comporão o Balanço Patrimonial.

Caso a empresa tenha como costume contabilizar os atos administrativos relevantes por meio das contas extrapatrimoniais, no final do exercício social essas contas também permanecerão com saldos no Livro Razão, mas não integrarão o Balanço Patrimonial, pois essas contas, também conhecidas como contas de compensação, constituem um sistema segregado do sistema patrimonial, e seus efeitos poderão ser informados por meio das Notas Explicativas, que serão tratadas no Capítulo 9 deste livro.

- As normas contábeis contemplam a contabilização dos atos administrativos relevantes por meio das contas de compensação. Contudo, dispensam a contabilização somente quando houver outros meios que possibilitem o controle dos efeitos desses atos no patrimônio.

Antes de elaborar o Balanço Patrimonial, é conveniente que se faça o segundo Balancete de Verificação do Razão, o qual dará ao contabilista a certeza de que os procedimentos necessários à apuração do resultado, no que tange à movimentação do débito e do crédito das contas, foram efetuados corretamente.

O Balanço Patrimonial deve abranger todos os grupos, subgrupos, contas principais (sintéticas) e secundárias (analíticas) e deve ser transcrito no Livro Diário da empresa.

Para fins de publicação nos jornais de grande circulação ou mesmo para veiculação na internet, com o objetivo de facilitar a leitura e a interpretação dos dados nele contidos pelos usuários que, em sua maioria, não dominam as práticas contábeis, é admitida a apresentação do Balanço Patrimonial apenas com os grupos e subgrupos principais.

2.5 Modelo de Balanço Patrimonial

ENTIDADE:
BALANÇO PATRIMONIAL
EXERCÍCIO FINDO EM:

CONTAS	EXERCÍCIO ATUAL $	EXERCÍCIO ANTERIOR $
ATIVO		
ATIVO CIRCULANTE		
DISPONIBILIDADES		
Caixa e Bancos		
CLIENTES		
Duplicatas a Receber		
(–) Perdas Estimadas em Crédito Líquido Duvidoso		
OUTROS CRÉDITOS		
Arrendamentos Ativos a Receber		
TRIBUTOS A RECUPERAR		
Tributo X a Recuperar		
INVESTIMENTOS TEMPORÁRIOS A CURTO PRAZO		
Ações de Outras Empresas		
(–) Perdas Estimadas por Redução ao Valor de Mercado		
ESTOQUES		
Estoque de Mercadorias		
(–) Perdas Estimadas por Redução ao Valor Realizável Líquido		

CONTAS	EXERCÍCIO ATUAL $	EXERCÍCIO ANTERIOR $
DESPESAS DO EXERCÍCIO SEGUINTE		
Prêmios de Seguro a Vencer		
TOTAL DO ATIVO CIRCULANTE		
ATIVO NÃO CIRCULANTE		
REALIZÁVEL A LONGO PRAZO		
CLIENTES		
Duplicatas a Receber		
(–) Perdas Estimadas em Crédito Líquido Duvidoso		
CRÉDITOS COM PESSOAS LIGADAS (Transações não usuais)		
Empréstimos a Diretores		
INVESTIMENTOS		
AVALIADOS PELO MÉTODO DA EQUIVALÊNCIA PATRIMONIAL		
Participação na Controlada A		
AVALIADOS PELO MÉTODO DO VALOR JUSTO		
Participação na Companhia A		
(–) Perdas Prováveis na Realização de Investimentos		
AVALIADOS PELO MÉTODO DO CUSTO DE AQUISIÇÃO		
Participação na Companhia B		
(–) Perdas Prováveis na Realização de Investimentos		
PROPRIEDADES PARA INVESTIMENTO		
Terrenos		
Apartamentos		
(–) Depreciação Acumulada		
OUTROS INVESTIMENTOS		
Antiguidades		
Obras de Arte		
IMOBILIZADO		
Computadores e Periféricos		
(–) Depreciação Acumulada		
Jazidas		
(–) Exaustão Acumulada		
INTANGÍVEL		
Fundo de Comércio		
(–) Amortização Acumulada		
TOTAL DO ATIVO NÃO CIRCULANTE		
TOTAL DO ATIVO		
PASSIVO		
PASSIVO CIRCULANTE		
OBRIGAÇÕES A FORNECEDORES		
Duplicatas a Pagar		

CONTAS	EXERCÍCIO ATUAL $	EXERCÍCIO ANTERIOR $
EMPRÉSTIMOS E FINANCIAMENTOS		
Bancos conta Empréstimo		
OBRIGAÇÕES TRIBUTÁRIAS		
Tributo X a Recolher		
OBRIGAÇÕES TRABALHISTAS E PREVIDENCIÁRIAS		
Salários e Encargos a Pagar		
OUTRAS OBRIGAÇÕES		
Contas a Pagar		
PARTICIPAÇÕES E DESTINAÇÕES DO LUCRO LÍQUIDO		
Participações de Empregados a Pagar		
Dividendos a Pagar		
TOTAL DO PASSIVO CIRCULANTE		
PASSIVO NÃO CIRCULANTE		
EXIGÍVEL A LONGO PRAZO		
OBRIGAÇÕES A FORNECEDORES		
Duplicatas a Pagar		
OBRIGAÇÕES A PESSOAS LIGADAS (Transações não usuais)		
Empréstimos a Pagar para Controladora		
RECEITAS DIFERIDAS		
RECEITAS RECEBIDAS ANTECIPADAMENTE		
Aluguéis Ativos a Vencer		
(–) Custos/Despesas ou Encargos Vinculados às Receitas		
TOTAL DO PASSIVO NÃO CIRCULANTE		
PATRIMÔNIO LÍQUIDO		
CAPITAL SOCIAL		
Capital Subscrito		
(–) Capital a Realizar		
RESERVAS		
RESERVAS DE CAPITAL		
Reserva de Ágio na Emissão de Ações/Quotas		
RESERVAS DE LUCROS		
Reserva Legal		
(±) Ajustes de Avaliação Patrimonial		
(–) Ações em Tesouraria		
(±) Lucros ou Prejuízos Acumulados		
TOTAL DO PATRIMÔNIO LÍQUIDO		
TOTAL DO PASSIVO		

2.6 Estudo dos componentes do Balanço Patrimonial

2.6.1 Ativo

No **Ativo**, as contas representativas dos bens e dos direitos são dispostas em ordem decrescente, conforme o grau de liquidez dos elementos nelas registrados, em dois grandes grupos: Ativo Circulante e Ativo Não Circulante.

Grau de liquidez é o maior ou menor prazo no qual bens e direitos podem ser transformados em dinheiro.

2.6.1.1 *Ativo Circulante*

O **Ativo Circulante** é composto pelos bens e pelos direitos que estão em frequente circulação no patrimônio. Basicamente, são valores já realizados (transformados em dinheiro) ou que serão realizados até o término do exercício social subsequente.

No modelo de Balanço apresentado neste capítulo, o Ativo Circulante é composto por sete partes: Disponibilidades, Clientes, Outros Créditos, Tributos a Recuperar, Investimentos Temporários a Curto Prazo, Estoques e Despesas do Exercício Seguinte.

a) **Disponibilidades:** compreendem o caixa e os equivalentes de caixa.

   Caixa é o numerário (dinheiro) que está em poder da empresa mais os numerários de propriedade da empresa e que se encontram nos estabelecimentos bancários, depositados em contas-correntes em nome da empresa. **Equivalentes de caixa** compreende o numerário de propriedade da empresa que está depositado nos estabelecimentos bancários em contas específicas de aplicações financeiras de curtíssimo prazo, as quais rendem ganhos para a empresa (juros, correção monetária etc.) cujas aplicações apresentem liquidez imediata, isto é, aplicações que a empresa pode resgatar a qualquer tempo. As contas classificadas neste subgrupo são as que apresentam o maior grau de liquidez entre todas as demais contas do Ativo.

b) **Clientes:** compreendem os direitos que a empresa tem a receber de Terceiros, decorrentes de vendas de mercadorias ou de prestação de serviços realizados a prazo. Figura neste subgrupo, ainda, como retificadora (redutora), a conta Perdas Estimadas em Créditos de Liquidação Duvidosa, relativa às perdas estimadas no exercício do Balanço em que essa conta estiver sendo classificada.

c) **Outros Créditos:** compreendem os demais direitos que a empresa tem a receber de Terceiros e que não correspondam a direitos decorrentes de vendas a prazo de mercadorias ou de serviços.

   As contas que normalmente figuram neste subgrupo são Adiantamentos a Fornecedores, Adiantamentos a Empregados, contas representativas de direitos decorrentes de vendas a prazo de bens do Ativo Não Circulante e de direitos decorrentes de empréstimos esporádicos efetuados mediante Notas Promissórias, Aluguéis a Receber etc.

d) **Tributos a Recuperar:** compreendem os direitos da empresa junto ao governo, os quais decorrem de tributos recolhidos antecipada ou indevidamente ou que a legislação vigente faculte o direito de compensação em até 12 meses.

e) **Investimentos Temporários a Curto Prazo:** compreendem as aplicações de dinheiro em instrumentos financeiros (títulos e valores mobiliários), representativos ou não do Capital de outras sociedades. Trata-se de investimentos efetuados com caráter especulativo e que serão convertidos em dinheiro mediante venda ou resgate em até 12 meses.

Neste subgrupo do Ativo Circulante poderá figurar, como redutora, a conta Perdas Estimadas por Redução ao Valor de Mercado (ou valor justo) quando o preço de aquisição dos títulos tiver valor de mercado (ou justo) inferior ao custo de aquisição.

f) **Estoques:** compreendem os bens destinados à produção (matéria-prima, materiais secundários etc.), à prestação de serviços (materiais diversos), à venda (mercadorias ou produtos) ou ao consumo (materiais de limpeza, expediente, embalagem etc.). Os Estoques de Mercadorias e de Produtos Acabados serão transformados em dinheiro quando vendidos à vista; os estoques de materiais destinados ao processo produtivo serão transformados em custos quando incorporados aos produtos em fabricação; os estoques de materiais destinados à prestação de serviços serão convertidos em custos por ocasião de suas aplicações na prestação dos serviços; e os estoques de materiais de consumo serão transformados em despesas quando consumidos.

Poderão figurar, ainda, neste subgrupo, algumas contas redutoras, como Perdas Estimadas por Redução ao Valor Realizável Líquido, criada com base na regra "custo ou mercado, dos dois o mais baixo", visando ajustar o valor dos estoques ao valor de mercado quando este for inferior ao custo de aquisição dos referidos materiais.

g) **Despesas do Exercício Seguinte:** compreendem as despesas pagas antecipadamente, isto é, antes da ocorrência dos respectivos fatos geradores. São despesas do exercício seguinte pagas no exercício atual.

2.6.1.2 *Ativo Não Circulante*

Este grupo é o oposto do Ativo Circulante. Enquanto no Ativo Circulante são classificadas contas que representam bens e direitos que estão em circulação constante na empresa, isto é, que giram em prazo inferior a um ano, no **Ativo Não Circulante** são classificadas contas representativas de bens e direitos com pequena ou nenhuma margem de circulação.

O Ativo Não Circulante é dividido em quatro partes: Ativo Realizável a Longo Prazo, Investimentos, Imobilizado e Intangível.

a) **Ativo Realizável a Longo Prazo:** neste grupo devem ser classificadas as contas representativas de direitos cujos vencimentos ocorram após o término do Exercício Social seguinte ao do Balanço em que as contas estiverem sendo classificadas.

Com exceção das Disponibilidades, poderão figurar neste grupo todas as demais contas representativas das aplicações de recursos em bens e direitos, inclusive das despesas pagas antecipadamente que constarem do Ativo Circulante, desde que tenham o prazo de realização superior a 12 meses.

É importante salientar que no Ativo Realizável a Longo Prazo devem ser classificadas também as contas representativas de direitos derivados de vendas, adiantamentos ou empréstimos a sociedades coligadas ou controladas, diretores, acionistas ou participantes no lucro da companhia, independentemente do prazo de vencimento, desde que esses direitos decorram de operações que não constituam negócios usuais na exploração do objeto da companhia.

b) **Investimentos:** compreendem as contas representativas das Participações no Capital de outras sociedades, participações estas que geram rendimentos para a empresa, quase sempre, em forma de dividendos.

Esses investimentos costumam ser efetuados em sociedades coligadas, em sociedades controladas, em sociedades que façam parte de um mesmo grupo ou que estejam sob controle comum ou, ainda, em outras sociedades que não se enquadram entre estas.

O controle comum pode ser exercido por uma mesma pessoa jurídica, por uma mesma pessoa física ou por um conjunto de pessoas físicas, independentemente do percentual de participação no capital.

Classificam-se como Investimentos, ainda, as contas representativas dos direitos de qualquer natureza não classificáveis no Ativo Circulante ou no Realizável a Longo Prazo e que não se destinem à manutenção da atividade principal da empresa, como os investimentos em obras de arte ou, ainda, em bens que gerem receitas para a empresa, independentemente de suas atividades operacionais, como é o caso das propriedades para investimento (terrenos e construções destinados à locação).

Poderão figurar como redutoras, ainda, as contas Perdas Prováveis na Realização de Investimentos e Depreciação Acumulada, esta última como redutora das contas representativas das Propriedades para Investimento (bens de renda).

Você pôde observar que, no modelo de Balanço apresentado neste capítulo, subdividimos o grupo Investimentos em cinco partes: Avaliados pelo Método da Equivalência Patrimonial, Avaliados pelo Método do Valor Justo, Avaliados pelo Método do Custo de Aquisição, Propriedade para Investimentos e Outros Investimentos.

c) **Imobilizado:** neste grupo, são classificadas as contas representativas dos recursos aplicados em bens corpóreos destinados à manutenção das atividades da empresa, ou exercidos com essa finalidade, inclusive os decorrentes de operações que transfiram à empresa os benefícios, riscos e controle desses bens. Pode ser assim subdividido:
- **Operacional Corpóreo (Tangível):** composto pelas contas representativas dos recursos aplicados nos bens de uso da empresa. São bens materiais que a empresa utiliza no desenvolvimento de suas atividades operacionais normais, como os Móveis e Utensílios, os Computadores, os Veículos etc.
- **Operacional Recursos Naturais:** composto por contas representativas dos capitais aplicados em recursos naturais (minerais ou florestais) de exploração da empresa.
- **Objeto de Arrendamento Mercantil:** composto pelas contas representativas dos bens que estão sendo utilizados pela empresa, mas que não são de sua propriedade. São bens arrendados de Terceiros, podendo ser adquiridos pela empresa no final do prazo de arrendamento.

- **Imobilizado em Andamento (bens para futura operação):** composto por contas representativas dos recursos aplicados em construções ou aquisições em andamento. Representam bens que, a partir do momento em que se encontrarem concluídos ou em condições de operar, serão utilizados pela empresa no desenvolvimento de suas atividades operacionais normais. Além disso, são comuns neste grupo do Ativo Não Circulante as seguintes contas redutoras: Depreciação Acumulada, calculada sobre os bens de uso; e Exaustão Acumulada, calculada sobre os recursos naturais.

d) **Intangível:** neste grupo, são classificadas as contas representativas dos recursos aplicados em bens imateriais. São bens incorpóreos destinados à manutenção das atividades da empresa ou exercidos com essa finalidade, como as Marcas e Patentes, os Direitos Autorais, inclusive aqueles representativos de fundo de comércio adquirido a título oneroso.

Figuram neste grupo, ainda, como redutoras, as contas representativas das Amortizações Acumuladas relativas a cada bem imaterial.

2.6.2 Passivo

O **Passivo**, conforme já dissemos, é a parte do Balanço Patrimonial que evidencia as obrigações (dívidas da empresa para com Terceiros) e o Patrimônio Líquido (dívidas da empresa para com seus titulares).

As obrigações (dívidas da empresa para com terceiros) são também denominadas Passivo Exigível, ao passo que o **Patrimônio Líquido** (dívidas da empresa para com seus proprietários) é também denominado **Passivo Não Exigível**.

A expressão "Passivo Não Exigível" decorre do fato de que, por se tratar de dívidas aos proprietários, a empresa não tem prazo fixado para pagá-las. Em contrapartida, como o Patrimônio Líquido corresponde à diferença entre o Ativo (bens + direitos) e o Passivo (obrigações), o Patrimônio Líquido somente será restituído (pago) aos proprietários por ocasião do encerramento definitivo das atividades da empresa.

No lado do Passivo do Balanço Patrimonial, as contas são classificadas nos seguintes grupos: Passivo Circulante, Passivo Não Circulante e Patrimônio Líquido.

O Passivo Não Circulante é composto pelo Passivo Exigível a Longo Prazo e pelas Receitas Diferidas; o Patrimônio Líquido é composto pelo Capital Social, pelas Reservas, Ajustes de Avaliação Patrimonial, Ações em Tesouraria e Lucros ou Prejuízos Acumulados.

- É sempre conveniente lembrar que, embora o Balanço Patrimonial seja composto pelo Ativo, Passivo e Patrimônio Líquido, tendo em vista que originalmente essa demonstração contábil foi apresentada em forma de "T", ficando o Ativo do lado esquerdo e o Passivo e o Patrimônio Líquido do lado direito, convencionou-se considerar nesse gráfico a soma algébrica do Passivo (obrigações) com o Patrimônio Líquido, de: Total do Passivo e do Patrimônio Líquido; ou de Total do Lado do Passivo ou, ainda, simplesmente de Total do Passivo.

As contas representativas de Obrigações (Passivo Exigível) devem ser classificadas observando-se a ordem decrescente do grau de exigibilidade dos elementos nelas registrados.

O grau de exigibilidade representa o maior ou menor prazo em que a Obrigação deve ser paga.

Entre as Contas de obrigações, podemos destacar:

a) **Obrigações de Pagar:** representadas pelas contas classificadas no Passivo Circulante e no Passivo Exigível a Longo Prazo;
b) **Obrigações de Fazer:** representadas por contas do grupo das Receitas Diferidas.

2.6.2.1 *Passivo Circulante*

No **Passivo Circulante**, são classificadas as contas representativas das obrigações cujos vencimentos ocorram no exercício seguinte. Esse grupo poderá conter subdivisões, de acordo com a natureza de cada Obrigação. No modelo de Balanço apresentado neste capítulo, dividimos o Passivo Circulante em seis partes: Obrigações a Fornecedores, Empréstimos e Financiamentos, Obrigações Tributárias, Obrigações Trabalhistas e Previdenciárias, Outras Obrigações e Participações e Destinações do Lucro Líquido.

a) **Obrigações a Fornecedores:** compreendem os compromissos decorrentes da compra de mercadorias ou da utilização de serviços a prazo.
b) **Empréstimos e Financiamentos:** compreendem os compromissos assumidos pela empresa na captação de recursos financeiros, geralmente, a fim de financiar seu capital de giro. Neste grupo do Passivo Circulante, costuma figurar a conta Duplicatas Descontadas, derivada de empréstimos efetuados pela empresa em estabelecimentos bancários, tendo como garantia Duplicatas de sua emissão.

Em geral, as empresas utilizam o desconto de Duplicatas de sua emissão para garantir o financiamento de vendas a prazo a seus clientes durante todo o exercício.

O desconto de duplicatas é uma operação por meio da qual a empresa capta dinheiro dos estabelecimentos bancários, dando como garantia duplicatas de sua emissão. Existem duas modalidades de descontos de Duplicatas, diferindo em relação à transferência substancial ou não para o banco dos riscos e benefícios da propriedade das duplicatas. Não apresentaremos mais detalhes, dado o caráter introdutório desta obra.
c) **Obrigações Tributárias:** compreendem os compromissos assumidos pela empresa junto ao governo. São tributos de várias modalidades que a empresa deve recolher aos cofres públicos, em decorrência do desenvolvimento de suas atividades normais.
d) **Obrigações Trabalhistas e Previdenciárias:** compreendem os encargos que a empresa tem a pagar a seus empregados ou recolher aos órgãos públicos. Esses compromissos decorrem dos serviços a ela prestados por seus empregados.
e) **Outras Obrigações:** compreendem as demais obrigações de curto prazo assumidas pela empresa e que não se enquadram nos subgrupos do Passivo Circulante já comentados.
f) **Participações e Destinações do Lucro Líquido:** compreendem as obrigações que a empresa tem a pagar às pessoas que têm direito de participação nos resultados como empregados, acionistas etc.

2.6.2.2 *Passivo Não Circulante*

O **Passivo Não Circulante** é dividido em dois grupos: Passivo Exigível a Longo Prazo e Receitas Diferidas.

a) **Passivo Exigível a Longo Prazo:** neste grupo, são classificadas as contas representativas das obrigações cujos vencimentos ocorram após o término do exercício social seguinte ao do Balanço em que as contas estiverem sendo classificadas.

Os mesmos subgrupos constantes do Passivo Circulante poderão figurar neste grupo, exceto aquele destinado às participações e destinações do lucro líquido, que raramente abrangem obrigações de longo prazo.

b) **Receitas Diferidas:** compreendem as receitas recebidas antecipadamente, isto é, recebidas antes das ocorrências de seus fatos geradores.

As Receitas Antecipadas que figuram neste grupo são muito raras, pois somente devem ser consideradas aquelas que não correspondem a obrigações de entrega futuras de numerários; caso contrário, tais valores deverão ser registrados em contas do Passivo Circulante ou Exigível a Longo Prazo ou, ainda, figurar no Balanço como contas redutoras do Ativo Circulante ou Realizável a Longo Prazo. Assim, restam para ser classificadas neste grupo as receitas com realizações líquidas e certas com pequena ou quase nenhuma margem de possibilidade de a entidade ter de restituí-la.

Isso ocorre com a Receita de Aluguel eventualmente recebida de modo antecipado, desde que no contrato de locação conste cláusula que assegure ao proprietário a não restituição, mesmo que venha a obter o imóvel de volta antes que o inquilino possa utilizá-lo no período correspondente ao pagamento. Além disso, todas as contas representativas dos custos e despesas decorrentes dessas receitas devem figurar no Balanço como redutoras das respectivas contas de receitas.

- É aconselhável que, nas entidades em que o ciclo operacional tiver duração maior que o exercício social, a classificação das contas representativas de direitos ou de obrigações no Circulante ou Longo Prazo tenha como base o prazo desse ciclo.
- Você já sabe que exercício social é um período de 12 meses, normalmente coincidente com o ano civil (de 1º de janeiro a 31 de dezembro). No final do exercício social, as empresas apuram seus resultados e elaboram as demonstrações contábeis.
- Ciclo operacional é o espaço de tempo necessário para que a empresa conclua ou realize sua atividade principal. O ciclo operacional de uma empresa comercial vai desde o momento da compra até o momento da venda das mercadorias; o de uma empresa industrial inicia no momento da aquisição do material, passa por sua transformação e termina com a venda dos produtos. Em uma empresa de construção civil, o ciclo operacional corresponde ao tempo necessário para construir um imóvel; em uma indústria que trabalha sob encomenda, ele dura o tempo necessário para produzir o artigo encomendado; em uma empresa agrícola, compreende o período entre o preparo da terra para o plantio e a colheita.

2.6.3 Patrimônio Líquido

O **Patrimônio Líquido** é a parte do Balanço Patrimonial que corresponde aos capitais próprios. Os elementos que o compõem representam a origem dos recursos próprios, derivados dos proprietários (titular, sócios ou acionistas) ou derivados da movimentação normal do patrimônio (Lucros ou Prejuízos apurados).

No Patrimônio Líquido, portanto, as contas representativas dos capitais próprios são classificadas em partes: Capital Social, Reservas, Ajustes de Avaliação Patrimonial, Ações em Tesouraria e Lucros ou Prejuízos Acumulados.

a) **Capital Social:** subgrupo composto pela conta Capital, que representa os valores investidos na empresa pelos titulares e pela conta Capital a Realizar (ou Titular conta Capital a Realizar; Quotistas conta Capital a Realizar; Acionistas conta Capital a Realizar etc.), que representa a parcela do Capital já subscrita pelo titular ou pelos sócios, porém, ainda não realizada. Poderão figurar neste subgrupo, ainda, as contas que representam o montante do capital autorizado, bem como da parcela desse capital ainda não subscrita.

b) **Reservas:** subgrupo composto pelas contas representativas das Reservas constituídas, normalmente, com parte dos lucros apurados pela empresa em decorrência de Lei ou da vontade do proprietário, dos sócios ou dos administradores.

As reservas constituídas com parcelas extraídas do lucro líquido apurado pela empresa possibilitam que os recursos financeiros correspondentes permaneçam integrando o capital de giro da empresa. Elas podem ser constituídas para garantir a expansão da empresa na abertura de filiais ou para outros fins.

Maiores detalhes acerca das reservas de lucros você encontra no volume 2 desta série, intitulado *Noções de Contabilidade Comercial*.

c) **Ajustes de Avaliação Patrimonial:** compreendem as contrapartidas de aumentos ou diminuições de valores atribuídos a elementos do Ativo e do Passivo, em decorrência da avaliação desses elementos a valor justo.

Contabilmente, para que elementos do Ativo e do Passivo fiquem devidamente avaliados a valor justo, basta debitar ou creditar as contas representativas desses elementos e debitar ou creditar, em contrapartida, a conta Ajustes de Avaliação Patrimonial, que é do Patrimônio Líquido.

Os valores lançados a débito ou a crédito da conta Ajustes de Avaliação Patrimonial serão transferidos para o resultado do exercício, de acordo com o regime de competência. Contudo, é importante destacar que as avaliações de elementos do Ativo e do Passivo a valor justo em geral dependem de autorizações contidas na legislação de cada país.

d) **Ações em Tesouraria:** correspondem a ações da própria empresa adquiridas por ela mesma.

e) **Lucros ou Prejuízos Acumulados:** você já sabe que as empresas poderão apurar lucros ou prejuízos no final de cada exercício social. Quando o resultado for igual a lucro, ele tem várias destinações, por exemplo, uma parcela será destinada ao governo (tributos), outra aos acionistas (dividendos) etc.

Quando os acionistas decidirem postergar a decisão em relação ao destino de parte dos lucros apurados, esses lucros poderão ser mantidos no grupo do Patrimônio

Líquido aguardando novas destinações. Contudo, é importante destacar que as entidades constituídas sob a forma jurídica de sociedade por ações devem dar destinação total aos lucros apurados no final de cada exercício social. Entretanto, quando o resultado do exercício corresponder a prejuízo, ele poderá figurar no grupo do Patrimônio Líquido para que seja compensado em exercícios futuros.

2.6.4 Contas Redutoras do Balanço

Você poderá observar, no modelo de Balanço Patrimonial apresentado na Seção 2.5 deste capítulo, que tanto no Ativo quanto no Passivo algumas contas são precedidas de sinal negativo (–). Elas são denominadas **Contas Redutoras (ou Retificadoras) do Balanço**.

Os valores das contas redutoras figuram entre parênteses, o que indica que esses valores são negativos no respectivo grupo.

As contas redutoras que figuram do lado do Ativo, denominadas Contas Redutoras do Ativo, são de natureza credora. Em atendimento às exigências contidas nas normas contábeis para assegurar que no Ativo não figurem contas com saldos superiores àqueles capazes de gerar fluxos de caixa futuros para a entidade, devem figurar no Balanço Patrimonial, do lado do Ativo, como contas redutoras das contas com base nas quais elas foram originadas.

Para exemplificar, vamos relembrar que as contas representativas dos bens de uso da empresa deverão figurar no grupo do Imobilizado do Balanço, deduzidas dos respectivos valores de depreciação, amortização ou exaustão.

As Contas Redutoras do Passivo são de natureza devedora e devem figurar do lado do Passivo, para assegurar que no Balanço não figurem contas de obrigação com saldos superiores àqueles que gerarão saídas de recursos futuros da entidade ou para evitar que, no grupo do Patrimônio Líquido, os saldos das contas reflitam valores superiores àqueles representativos do capital próprio.

Embora possam aparecer em todo o Passivo do Balanço Patrimonial, são mais comuns as redutoras do Patrimônio Líquido, como Capital a Realizar, Ações em Tesouraria e Prejuízos Acumulados.

Atividades Teóricas

1. Responda:
    1.1 O que é o Balanço Patrimonial?
    1.2 Para que serve o Balanço Patrimonial?
    1.3 Cite três informações que podem ser extraídas do Balanço Patrimonial.
    1.4 Responda onde cada uma das informações relacionadas a seguir pode ser encontrada no Balanço Patrimonial:
    a) O tamanho da entidade.
    b) A parte do patrimônio que pertence ao proprietário.
    c) O montante dos recursos totais investidos por terceiros que estão à disposição da entidade.
    d) A capacidade financeira da entidade para cobrir seus compromissos de curto prazo.
    e) O capital de giro da empresa.
    f) A existência ou não de capital circulante líquido.

1.5 Se você quiser saber a origem do patrimônio de uma entidade, de onde retirará essa informação?
1.6 De imediato, que informação você pode extrair do Ativo Circulante?
1.7 O que é capital circulante líquido?
1.8 Os recursos aplicados em bens de uso podem ser constatados em que parte do Balanço?
1.9 No Ativo, são apresentadas contas representativas de bens e direitos que representam dinheiro ou que serão transformados em dinheiro em curto ou em longo prazo. Essa informação está correta? Justifique.
1.10 Qual é a condição indispensável para a elaboração do Balanço Patrimonial?
1.11 Por qual motivo as empresas, no final de cada exercício social, devem proceder a uma rigorosa avaliação de seus elementos ativos e passivos?
1.12 Cite três procedimentos que são comuns nas empresas por ocasião da apuração de seus resultados no fim de cada período.
1.13 No final de cada exercício social, após a contabilização da apuração do resultado e de sua destinação, além das contas patrimoniais, que tipo de contas poderão figurar ainda com saldos no Livro Razão?
1.14 O que você entende por grau de liquidez?
1.15 Como é composto o Ativo Circulante?
1.16 Quantas e quais são as partes em que se divide o Ativo Circulante?
1.17 Que contas figuram no grupo das Disponibilidades?
1.18 O que o grupo das Disponibilidades informa?
1.19 O que o grupo Clientes informa?
1.20 O que o grupo dos Outros Créditos informa?
1.21 O que o grupo dos Tributos a Recuperar informa?
1.22 O que o grupo Investimentos Temporários a Curto prazo informa?
1.23 O que o grupo Estoques informa?
1.24 Em que circunstâncias os estoques de mercadorias são transformados em dinheiro?
1.25 O que o grupo das Despesas do Exercício Seguinte informa?
1.26 Quantas e quais são as partes em que se divide o Ativo Não Circulante?
1.27 O que significa grau de exigibilidade?
1.28 Qual a diferença entre obrigações de pagar e obrigações de fazer?
1.29 Cite uma das principais informações que você pode extrair do Passivo Circulante.
1.30 Em que grupos são encontradas informações sobre as obrigações com prazos superiores a 12 meses e com as receitas recebidas antecipadamente?

2. **Classifique as afirmativas em falsas (F) ou verdadeiras (V):**
    2.1 ( ) O Exigível Total é obtido pela soma do Passivo Circulante com o Passivo Não Circulante.
    2.2 ( ) No Balanço Patrimonial, é obrigatório informar o montante do Exigível Total, pois essa informação facilita a análise.
    2.3 ( ) O total do Passivo Circulante indica quanto a entidade tem de recursos financeiros em seu patrimônio.
    2.4 ( ) O total do Patrimônio Líquido corresponde à parte do patrimônio que pertence ao proprietário caso ele decida encerrar as atividades de sua entidade.

2.5 ( ) A situação financeira evidenciada por meio do Balanço Patrimonial é também evidenciada pela Demonstração dos Fluxos de Caixa.

2.6 ( ) Uma das informações importantes que se pode extrair do Balanço Patrimonial é se a entidade possui recursos financeiros suficientes em seu Ativo para pagar suas obrigações de curto e de longo prazo.

2.7 ( ) É incorreto afirmar que o Balanço Patrimonial revela a real situação patrimonial, econômica e financeira da entidade em determinado momento.

2.8 ( ) As entidades devem cuidar para que nenhum elemento do Ativo figure no Balanço com valor inferior àquele capaz de gerar fluxos de caixa futuros pela venda ou pelo uso.

2.9 ( ) As contas de compensação não integram o Balanço Patrimonial, porém, seus efeitos no patrimônio devem ser informados em Notas Explicativas.

2.10 ( ) O que determina a classificação de contas representativas de direitos no Ativo Circulante é o prazo de vencimento superior a 12 meses.

2.11 ( ) No Ativo Circulante, são classificados direitos com prazos de vencimentos inferiores a 12 meses, e no Ativo Não Circulante, com prazos superiores a 12 meses. Essa mesma regra aplica-se às contas representativas de obrigações classificadas no Passivo Circulante e no Passivo Não Circulante.

2.12 ( ) Em uma empresa comercial, os direitos com sócios e diretores devem ser classificados no Ativo Realizável a Longo Prazo, independentemente do prazo de vencimento, desde que esses direitos decorram de operações que não constituam negócios usuais na exploração do objeto da empresa.

2.13 ( ) O Ativo Imobilizado informa o montante de recurso aplicado pela empresa em bens de uso.

2.14 ( ) No Passivo do Balanço Patrimonial, encontramos as obrigações, também denominadas Passivo Exigível, e o Patrimônio Líquido, também denominado Passivo Não exigível.

2.15 ( ) As contas redutoras do Passivo são de natureza credora.

3. Escolha a alternativa correta:

    3.1 Para saber quem investiu mais na entidade, se o proprietário ou terceiros, basta:
    a) Verificar o total do Ativo.
    b) Subtrair o Patrimônio líquido do Ativo.
    c) Comparar o Patrimônio Líquido com o Exigível Total em relação ao Ativo.
    d) As alternativas "b" e "c" estão corretas.
    e) Todas as alternativas anteriores estão corretas.

    3.2 Para saber em que os proprietários da entidade investiram o total dos recursos próprios e de terceiros que têm a sua disposição, basta:
    a) Ler todas as contas apresentadas no Ativo.
    b) Ler todas as contas do Patrimônio Líquido.
    c) Ler todas as contas do Passivo.
    d) Somar o total do Ativo com o total do Passivo.
    e) Nenhuma das alternativas anteriores.

3.3 Se você comparar o total do Ativo Circulante com o total do Passivo Circulante, ficará sabendo:
   a) Quanto de dinheiro a entidade tem para pagar suas obrigações de curto prazo.
   b) Quanto de dinheiro a entidade tem para pagar todas as suas obrigações.
   c) Quanto de dinheiro a entidade tem em seu caixa.
   d) Se a entidade possui em seu Ativo Circulante recursos financeiros suficientes para saldar seus compromissos de curto prazo.
   e) Nenhuma das alternativas anteriores.

3.4 Para conhecer o montante dos recursos que a entidade aplicou em bens imateriais, basta ler:
   a) O total do Ativo Circulante.
   b) O total do grupo de investimentos do Passivo.
   c) O total do grupo Intangível do Ativo.
   d) O total do Patrimônio Líquido.
   e) Nenhuma das alternativas anteriores.

3.5 O Balanço Patrimonial deve ser estruturado de modo a facilitar o conhecimento e a análise da situação:
   a) econômica da entidade.
   b) patrimonial da entidade.
   c) econômica e financeira da entidade.
   d) financeira da entidade.
   e) Todas as alternativas estão corretas.

3.6 Classifique as informações apresentadas nas alternativas a seguir e assinale a incorreta:
   a) No lado do Passivo do Balanço Patrimonial, você visualiza os capitais de terceiros e os capitais próprios investidos na empresa.
   b) No lado do Ativo do Balanço Patrimonial, você visualiza em que os proprietários aplicaram os capitais próprios e de terceiros que estão a sua disposição.
   c) As expressões "recursos totais à disposição da empresa" e "capitais totais à disposição da empresa" significam a mesma coisa.
   d) Empresa é a modalidade de entidade constituída com fins lucrativos.
   e) Nenhuma das alternativas anteriores.

3.7 No Ativo, as contas representativas dos bens e dos direitos são:
   a) dispostas em ordem decrescente de grau de liquidez dos elementos nelas registrados.
   b) classificadas em dois grandes grupos: Ativo Circulante e Ativo Não Circulante.
   c) dispostas em ordem decrescente do grau de exigibilidade dos elementos nelas registrados.
   d) classificadas em dois grandes grupos: Passivo Circulante e Passivo Não Circulante.
   e) As alternativas "c" e "d" estão incorretas.

3.8 Integram o grupo do Patrimônio Líquido:
   a) Capital e Reservas.
   b) Ações em Tesouraria e Prejuízos Acumulados.

c) Ajustes de Avaliação Patrimonial.
   d) Somente a alternativa "c" está incorreta.
   e) Somente a alternativa "d" está incorreta.

3.9 Os capitais próprios têm origem:
   a) nos lucros apurados pela empresa.
   b) nos ingressos de recursos derivados dos sócios.
   c) nas obrigações derivadas de compras de mercadorias a prazo.
   d) no Ativo do Balanço Patrimonial.
   e) As alternativas "a" e "b" estão corretas.

3.10 As contas redutoras do Ativo têm a seguinte função:
   a) Assegurar que os valores informados no Ativo estejam iguais àqueles constantes do Livro Razão.
   b) Assegurar que no Ativo não figurem contas com saldos superiores àqueles capazes de gerar fluxos de caixa futuros para a entidade.
   c) Assegurar que todos os valores dos elementos do Ativo figurem no Balanço pelos custos de aquisição.
   d) As alternativas "a", "b" e "c" estão corretas.
   e) Nenhuma das alternativas anteriores.

CAPÍTULO 3

DEMONSTRAÇÃO DO RESULTADO DO PERÍODO

3.1 Entendendo a Demonstração do Resultado do Período

O que é a Demonstração do Resultado do Período, para que serve e quais informações é possível extrair dela?
Respostas:

a) A **Demonstração do Resultado do Período (DRP)** é uma demonstração contábil (ou relatório contábil) elaborada com dados extraídos da escrituração contábil da entidade e destinada a evidenciar a composição do resultado formado em determinado período de operações da empresa.
b) Ela mostra o desempenho que a entidade teve em determinado período, isto é, o lucro ou o prejuízo obtido na movimentação do patrimônio.
c) Olhando para a Demonstração do Resultado do Período, você pode extrair muitas informações sobre o desempenho da entidade.

De imediato e sem embaraço algum, pode extrair duas informações muito importantes. Basta consultar o início e o final da demonstração e encontrará:

1. **Receita Operacional Líquida:** essa informação é extraída da primeira linha da demonstração e corresponde ao montante líquido que a entidade auferiu em sua atividade principal, ou seja, com a venda de mercadorias, produtos ou com a prestação de serviços, conforme a atividade preponderante na entidade, isto é, de comércio, indústria ou prestação de serviços, respectivamente.
Para as normas internacionais de contabilidade IFRS, essa demonstração começa com a receita operacional líquida. Contudo, em alguns países, como ocorre no Brasil, a legislação determina que ela deve iniciar com a Receita Operacional Bruta. Se a demonstração que você estiver analisando começar com a receita operacional líquida e você precisar conhecer a receita operacional bruta e as respectivas deduções, basta consultar as Notas Explicativas que obrigatoriamente acompanham as demonstrações contábeis, nas quais encontrará essas informações.
2. **O lucro ou prejuízo obtido pela entidade no respectivo período:** você obtém essa informação consultando as últimas linhas da demonstração.
É importante destacar que, normalmente, nas sociedades por ações, nas últimas linhas são informados o montante do lucro líquido ou do prejuízo atribuível aos acionistas minoritários e majoritários e o montante por ação.[1] Neste caso, o lucro ou prejuízo líquido do exercício figurará antes dessas informações.

Conforme já dissemos, a Demonstração do Resultado do Período é um relatório contábil muito rico em informações que revelam o desempenho da entidade.
Trata-se de uma demonstração muito elucidativa, pois basta ler cada uma de suas linhas para entender com detalhes suficientes os custos incorridos para obter a receita líquida; os valores das demais receitas auferidas pela entidade; as despesas comerciais,

---

[1] Ação = título representativo do capital das entidades constituídas sob a forma jurídica de sociedades por ações, como é o caso das sociedades anônimas, também denominadas companhias.

administrativas, financeiras e outras, inclusive os tributos que a entidade recolheu ou recolherá aos cofres públicos, podendo, ainda, informar o resultado das operações descontinuadas, bem como a parcela do lucro líquido que a entidade destinou a seus empregados, administradores etc.

Confrontando as despesas e as receitas individualmente informadas com a receita bruta ou líquida, pode-se conhecer o efeito da participação de cada uma dessas despesas e receitas na formação do resultado auferido pela entidade no respectivo período.

É muito importante, também, analisar o desempenho da entidade ao longo de vários períodos, enfim, há muitas informações que podem ser extraídas da Demonstração do Resultado do Período e que serão estudadas com mais detalhes no volume 4 desta série, intitulado *Noções de Análise das Demonstrações Contábeis*.

Se você julgar que os esclarecimentos apresentados até aqui nesta seção foram suficientes e atendem às suas necessidades, poderá desprezar as demais seções e passar para o próximo capítulo. Contudo, se julgar que para seus interesses será preciso conhecer um pouco mais da Demonstração do Resultado do Período, então, sugerimos que estude as seções a seguir.

3.2 Conceito

A Demonstração do Resultado do Período (DRP), conforme já dissemos, é um relatório contábil destinado a evidenciar a composição do resultado formado em determinado período de operações da empresa.

Normalmente, o período de abrangência da DRP corresponde a um ano, e as datas de início e término coincidem com as datas de início e término do ano civil. Entretanto, dependendo da abrangência do período em que a empresa estiver obrigada ou decidir apurar seus resultados, essa demonstração poderá ser elaborada no fim de um mês, um trimestre, um semestre ou um ano.

Essa demonstração, observado o regime de competência, revela a formação do resultado, mediante confronto entre as receitas e os correspondentes custos e despesas.

A DRP, portanto, é uma demonstração contábil que evidencia o resultado econômico, isto é, o lucro ou o prejuízo apurado pela empresa no desenvolvimento de suas atividades durante determinado período.

3.3 Estrutura da DRP

A DRP deve ser estruturada de modo a facilitar o conhecimento da formação do resultado bruto, do resultado líquido e das deduções e participações nesse resultado.

Não há um modelo determinado pelas normas contábeis para sua elaboração, ficando cada entidade livre para elaborar o modelo que melhor espelhe o resultado de suas atividades.

Veja, na Seção 3.5, duas estruturas que podem ser adotadas.

3.4 Elaboração da DRP

Você já aprendeu que o resultado de um período pode ser apurado de uma maneira bem simples e por uma única operação, ou seja, confrontando-se o total das receitas realizadas com o total das despesas incorridas em determinado período.

Você já sabe, também, que, em decorrência da aplicação do regime de competência, as expressões "receitas realizadas" e "despesas incorridas" correspondem às receitas e às despesas cujos fatos geradores ocorreram durante determinado período.

É importante lembrar, conforme estudamos no primeiro volume desta série, que o fato gerador da despesa se caracteriza pelo consumo de bens e pela utilização de serviços e que o fato gerador da receita se caracteriza pela venda de bens e pela prestação de serviços.

De acordo com esse raciocínio, podemos demonstrar o resultado de um período por meio de um simples Razonete. Nesse Razonete, por convenção da Contabilidade, relacionam-se no lado esquerdo (lado do débito) todas as despesas incorridas no período e, no lado direito, (lado do crédito), todas as receitas realizadas no mesmo período. Então, bastará apurar o saldo desse Razonete para conhecer o resultado.

Você já sabe que para apurar o saldo em um Razonete é preciso somar os valores lançados a débito e os lançados a crédito para que, em seguida, confrontando essas duas somas, o saldo seja conhecido.

EXEMPLO PRÁTICO

Vamos assumir, então, que em 31 de dezembro de X9, no Livro Razão de determinada empresa comercial, constassem as seguintes contas com os seguintes saldos:

CONTAS DE DESPESAS
- Água e Esgoto 10.000
- Aluguéis Passivos 120.000
- Combustíveis 30.000
- Custo das Mercadorias Vendidas 200.000
- Descontos Concedidos (condicionais) 20.000
- Despesas Bancárias 5.000
- Energia Elétrica 15.000
- Fretes e Carretos 50.000
- Juros Passivos 8.000
- Material de Limpeza 2.000
- Tributos sobre vendas 100.000

CONTAS DE RECEITAS
- Descontos Incondicionais Obtidos 30.000
- Juros Ativos 25.000
- Receitas de Aplicações Financeiras 35.000
- Vendas de Mercadorias 600.000

EXEMPLO PRÁTICO

Para demonstrar o resultado, de maneira bem simples, utilizando o Razonete, faremos:

DEMONSTRAÇÃO SINTETIZADA DO RESULTADO DO PERÍODO				
DESPESAS		**RECEITAS**	
Água e Esgoto	10.000	Descontos Incond. Ob.	30.000
Aluguéis Passivos	120.000	Juros Ativos	25.000
Combustíveis	30.000	Receitas Apl. Financ.	35.000
Custo das Mercadorias Vendidas	200.000	Vendas de Mercadorias	600.000
Descontos Concedidos	20.000		
Despesas Bancárias	5.000		
Energia Elétrica	15.000		
Fretes e Carretos	50.000		
Juros Passivos	8.000		
Material de Limpeza	2.000		
Tributos sobre vendas	100.000		
Total das Despesas	560.000	Total das Receitas	690.000
		Saldo	130.000

É importante destacar que essa Demonstração do Resultado do Período apresentada no exemplo por meio do Razonete é incompleta e deficiente.

Para que essa demonstração seja útil aos diversos usuários das informações contábeis, é preciso que nela as despesas, os custos e as receitas sejam dispostos de modo que permita o conhecimento da formação do resultado bruto e líquido.

Além disso, é importante segregar o resultado líquido decorrente das atividades normais da empresa daquele gerado por despesas e receitas financeiras, salvo se a empresa tiver como atividade principal a captação de recursos financeiros no mercado, como é o caso dos estabelecimentos bancários e similares.

Para fins de análise da movimentação do patrimônio, é muito importante conhecer o resultado líquido decorrente de suas atividades normais, pois o resultado financeiro (receitas financeiras – despesas financeiras), dependendo do comportamento da economia da região ou do mundo, poderá transformar o lucro em prejuízo, ou vice-versa.

Há outras informações importantes que devem constar de uma demonstração de resultados, como é o caso do montante dos tributos que a empresa recolherá aos cofres públicos em decorrência do próprio lucro líquido apurado.

EXEMPLO PRÁTICO

Dependendo da legislação em vigor no país onde estiver estabelecida a empresa, outras informações poderão, ainda, figurar na DRP, como ocorre no Brasil, onde é praxe informar o montante do lucro destinado a participantes nesse lucro, como empregados, administradores etc.

O ideal é que a DRP apresente de maneira bastante clara, conforme vimos anteriormente, a origem das receitas, isto é, de onde vieram os recursos para a empresa e o custo que ela teve para angariar tais receitas.

Portanto, ao estudar a estrutura da DRP, é preciso conhecer os objetivos dessas informações.

As normas contábeis sugerem as informações mínimas que uma DRP deve conter, contudo, facultam à legislação de cada país a inclusão de outras informações para atender a interesses regionais.

Assim, a DRP pode ser composta não somente por contas de resultado, como também por algumas contas patrimoniais, como é o caso daquelas representativas dos tributos incidentes sobre o lucro líquido.

As contas de resultado que integram a DRP, conforme já comentamos, são todas aquelas que representam as despesas e os custos incorridos, além das receitas realizadas no período de sua abrangência.

No momento de elaboração da DRP, todas as contas de resultado já estarão com seus saldos devidamente zerados (encerrados). Portanto, para elaborar a DRP, o contabilista deve coletar dados diretamente do Livro Razão.

Para facilitar os trabalhos, didaticamente, podem-se extrair os dados dos últimos lançamentos efetuados no Livro Diário, os quais registraram a apuração dos resultados Bruto e Líquido, bem como as Deduções e participações do Resultado, quando houver.

Para evitar que a DRP contenha contas em demasia, costuma-se apresentar somente o montante dos grupos principais e, quando necessário, uma ou outra conta cuja informação isolada mereça ser observada.

Quando a contabilidade for processada por meio do computador, normalmente os programas de contabilidade apropriados para esse fim já estão preparados para agrupar as contas e, inclusive, elaborar a DRP, bem como outras demonstrações. Entretanto, mesmo assim, você precisa conhecer os detalhes para que possa entender os relatórios, sejam ou não elaborados por meio do computador.

Caso o Livro Razão seja processado manualmente ou por meio do computador e não estejam previstas contas sintéticas para os agrupamentos das contas de resultado, e sendo os lançamentos de apuração do resultado escriturados no Diário efetuados por contas, e não por grupos de contas, torna-se imprescindível fazer esse agrupamento para facilitar a elaboração da demonstração em estudo.

Esse agrupamento pode ser efetuado com a ajuda do Plano de Contas que estiver sendo utilizado pela empresa.

3.5 Modelos de DRP

3.5.1 Modelo 1

ENTIDADE: DEMONSTRAÇÃO DO RESULTADO DO PERÍODO EXERCÍCIO FINDO EM:		
DESCRIÇÃO	EXERCÍCIO ATUAL	EXERCÍCIO ANTERIOR
1. RECEITA OPERACIONAL LÍQUIDA		
2. (–) CUSTOS DAS MERC., PROD. E SERV. VENDIDOS		
3. (=) LUCRO BRUTO		
4. (–) DESPESAS OPERACIONAIS		
• Despesas com Vendas		
• Despesas Gerais e Administrativas		
• Outras Despesas Operacionais		
5. (+) OUTRAS RECEITAS OPERACIONAIS		
6. (+ ou –) RESULTADO DA EQUIVALÊNCIA PATRIMONIAL		
7. (=) RESULTADO ANTES DAS DESP. E REC. FINANCEIRAS		
8. (–) DESPESAS FINANCEIRAS		
9. (+) RECEITAS FINANCEIRAS		
10. (=) RESULTADO ANTES DOS TRIBUTOS SOBRE O LUCRO		
11. (–) TRIBUTO A		
12. (–) TRIBUTO B		
13. (=) RESULTADO LÍQUIDO DAS OPERAÇÕES CONTINUADAS		
14. (±) RESULTADO LÍQUIDO DAS OPERAÇÕES DESCONT.		
15. (=) RESULTADO LÍQUIDO DO PERÍODO		
16. RESULTADO LÍQUIDO DO PERÍODO ATRIBUÍVEL:		
• Aos acionistas não controladores		
• Aos acionistas controladores		
17. LUCRO LÍQUIDO OU PREJUÍZO POR AÇÃO DO CAPITAL		

- Note que a DRP apresentada começa com a Receita Operacional Líquida. Havendo interesse, a Receita Operacional Bruta, suas deduções e abatimentos poderão ser informados em Notas Explicativas ou na própria demonstração, como você pode observar no Modelo 2, apresentado a seguir.
- É importante destacar que as normas internacionais de contabilidade estabelecem as informações mínimas que devem figurar na DRP, porém, respeitam as determinações legais de cada país.

3.5.2 Modelo 2

Conforme dissemos, tendo em vista que as normas internacionais de contabilidade facultam à legislação de cada país a inclusão de informações de interesse regional na DRP, veja um modelo que, em decorrência de exigências contidas na legislação societária brasileira (Lei nº 6.404/1976), pode ser utilizado pelas empresas estabelecidas em território brasileiro.

ENTIDADE: DEMONSTRAÇÃO DO RESULTADO DO PERÍODO EXERCÍCIO FINDO EM:		
DESCRIÇÃO	EXERCÍCIO ATUAL	EXERCÍCIO ANTERIOR
1. RECEITA OPERACIONAL BRUTA		
• Vendas de Mercadorias, Produtos e Serviços		
2. DEDUÇÕES E ABATIMENTOS		
(–) Abatimentos sobre Vendas		
(–) Vendas Anuladas		
(–) Descontos Incondicionais Concedidos		
(–) Tributos sobre Vendas		
3. RECEITA OPERACIONAL LÍQUIDA		
4. (–) CUSTOS DAS MERC., PROD. E SERV. VENDIDOS		
5. (=) LUCRO BRUTO		
6. (–) DESPESAS OPERACIONAIS		
• Despesas com Vendas		
• Despesas Gerais e Administrativas		
• Outras Despesas Operacionais		
7. (+) OUTRAS RECEITAS OPERACIONAIS		
8. (±) RESULTADO DA EQUIVALÊNCIA PATRIMONIAL		

DESCRIÇÃO	EXERCÍCIO ATUAL	EXERCÍCIO ANTERIOR
9. (=) RESULTADO ANTES DAS DESP. E REC. FINANCEIRAS		
10. (–) DESPESAS FINANCEIRAS		
11. (+) RECEITAS FINANCEIRAS		
12. (=) RESULTADO ANTES DOS TRIBUTOS SOBRE O LUCRO		
13. (–) TRIBUTOS SOBRE O LUCRO LÍQUIDO		
14. (=) RESULTADO LÍQUIDO DAS OPERAÇÕES CONTINUADAS		
15. (±) RESULTADO LÍQUIDO DAS OPERAÇÕES DESCONTINUADAS		
16. (=) RESULTADO LÍQUIDO DO PERÍODO		
17. PARTICIPAÇÕES		
(–) Empregados		
(–) Administradores		
(–) Outros (especificar)		
18. (=) LUCRO LÍQUIDO DO PERÍODO		
19. RESULTADO LÍQUIDO DO PERÍODO ATRIBUÍVEL		
• Aos acionistas não controladores		
• Aos acionistas controladores		
20. LUCRO LÍQUIDO ou PREJUÍZO POR AÇÃO DO CAPITAL		

3.6 Estudo dos componentes da DRP

Analisando os dois modelos apresentados, você pode perceber que há muita flexibilidade por parte das normas contábeis quanto às informações que devem ser apresentadas na DRP. Essa flexibilidade favorece as legislações de cada país para inserir dados conforme os interesses regionais. Contudo, é importante destacar que se trata de uma demonstração com informações de ordem econômica, muito valiosas para qualquer tipo de análise que se pretenda desenvolver em relação à movimentação do patrimônio das empresas em geral. É por esse motivo que nela devem constar todos os elementos responsáveis pelo fluxo de receitas e de despesas, que, em observância ao regime contábil de competência, ocorreram na empresa no período de sua abrangência.

Veja, nas seções a seguir, comentários sobre os componentes da DRP. Eles foram fundamentados nos componentes apresentados no Modelo 2, por ser este o mais completo.

3.6.1 Receita Operacional Bruta ou Receita Bruta de Vendas

Neste item, deverão figurar os saldos das seguintes contas:

- Vendas de Mercadorias (empresas comerciais);
- Vendas de Produtos (empresas industriais);
- Receitas de Serviços (empresas prestadoras de serviços).

Convém ressaltar que os valores das Receitas, devidamente contabilizados em cada uma das três contas citadas, correspondem aos valores das vendas constantes das respectivas Notas Fiscais. Nesses totais estão incluídos todos os tributos incidentes sobre as vendas inclusos nos valores das mercadorias ou a eles adicionados.

3.6.2 Deduções e Abatimentos

Neste item, incluem-se todos os valores que devem ser abatidos do valor da Receita Operacional Bruta, como:

- Vendas Anuladas e Abatimentos sobre Vendas;
- Descontos Incondicionais Concedidos (quando contabilizados);
- Tributos incidentes sobre as vendas (pode haver mais de um).

3.6.3 Receita Operacional Líquida ou Receita Líquida de Vendas

Corresponde ao valor da Receita Operacional Bruta, deduzidas as Vendas Anuladas, os Abatimentos sobre Vendas, os Descontos Incondicionais Concedidos e os tributos incidentes sobre as vendas.

Observe que o Modelo 1 de DRP apresentado neste capítulo começa com este item, pois não contempla a receita bruta nem as deduções dessa receita. Conforme já dissemos, havendo interesse, essas informações poderão figurar nas Notas Explicativas, as quais devem ser apresentadas como complemento das informações contidas nas demonstrações contábeis, quando publicadas pela entidade.

3.6.4 Custos Operacionais

Neste item, figuram as seguintes contas, cujos saldos deverão ser subtraídos da Receita Operacional Líquida:

- Custo das Mercadorias Vendidas (empresas comerciais);
- Custo dos Produtos Vendidos (empresas industriais);
- Custo dos Serviços Prestados (empresas prestadoras de serviços).

O Custo das Mercadorias Vendidas corresponde ao estoque inicial de Mercadorias, mais as Compras de Mercadorias, mais os Fretes, Seguros e tributos não recuperáveis incidentes sobre as Compras, menos as Compras Anuladas, menos os Descontos Incondicionais Obtidos, menos o estoque final de Mercadorias.

O Custo dos Produtos Vendidos corresponde ao estoque inicial de Produtos Acabados, mais o Custo da Produção Acabada no Período, menos o estoque final de Produtos Acabados.

O Custo dos Serviços Prestados compreende o custo do material empregado mais o custo da mão de obra, mais outros gastos necessários para a realização dos serviços que estejam diretamente ligados a eles.

3.6.5 Lucro Operacional Bruto

Este item corresponde à Receita Operacional Líquida da qual foram deduzidos os Custos Operacionais. Representa o resultado obtido nas operações objeto da exploração principal da empresa. Em uma empresa comercial, por exemplo, o **Lucro Operacional Bruto** corresponde ao Lucro apurado nas transações de compra e venda de Mercadorias. Os lucros obtidos em aplicações financeiras ou nas vendas de outros bens, por exemplo, não fazem parte desse cálculo.

3.6.6 Despesas Operacionais

Neste item, são demonstradas todas as Despesas Operacionais incorridas no período, exceto as despesas financeiras que serão apresentadas mais adiante.

Nesse item, as despesas operacionais são agrupadas em:

- **Despesas com Vendas:** são todas aquelas que ocorrem no departamento comercial da empresa. Englobam tanto os gastos com o pessoal como os demais necessários ao desenvolvimento das atividades comerciais da empresa.
- **Despesas Gerais e Administrativas:** decorrem das atividades desenvolvidas no departamento administrativo. Elas englobam tanto os gastos com o pessoal como os demais necessários à administração da empresa.
- **Outras Despesas Operacionais:** neste item devem figurar todas as Despesas Operacionais que não se enquadrarem nos demais grupos de contas de Despesas Operacionais.

3.6.7 Outras Receitas Operacionais

Neste item, devem figurar as receitas operacionais para as quais não haja item específico na demonstração, por exemplo, as receitas com aluguéis de bens móveis ou imóveis, as receitas com reversões de perdas estimadas, as receitas eventuais, as receitas derivadas de doações oriundas do poder público etc.

3.6.8 Resultado da Equivalência Patrimonial

Neste item, deve ser apresentada a diferença positiva ou negativa entre as receitas e as despesas auferidas pela aplicação do método da equivalência patrimonial.

É importante destacar que o resultado da equivalência patrimonial corresponde à soma algébrica das receitas e das despesas decorrentes de investimentos efetuados de maneira permanente no capital de sociedades controladas e coligadas. Contudo, neste item, devem-se incluir também as despesas e as receitas decorrentes de investimentos efetuados em outras empresas que não sejam controladas ou coligadas.

3.6.9 Resultado antes das Despesas e Receitas Financeiras

Neste item, evidencia-se o resultado apurado pela empresa, sem considerar as despesas e as receitas financeiras, as quais serão evidenciadas nos dois próximos itens da DRP.

Essa informação é importante, uma vez que revela o resultado apurado pela empresa no desempenho de suas atividades operacionais, isentando-se o resultado que decorre de operações financeiras.

3.6.10 Despesas Financeiras

Neste item, apresenta-se o total das despesas financeiras incorridas no período de abrangência da DRP.

3.6.11 Receitas Financeiras

Neste item, apresenta-se o total das receitas financeiras realizadas no período de abrangência da DRP.

3.6.12 Resultado antes dos Tributos sobre o Lucro

Neste item, informa-se o resultado do período apurado antes de deduzido o montante dos tributos incidentes sobre esse resultado.

Essa informação é importante porque revela o resultado do desempenho da empresa, antes de segregar a parcela exigida pelo governo.

3.6.13 Tributos Incidentes sobre o Lucro Líquido

Neste item, deve-se informar o montante dos tributos que a empresa terá de recolher aos cofres públicos, com base no lucro líquido apurado no respectivo exercício.

É importante destacar que a quantidade de tributos, as alíquotas e as bases sobre as quais esses tributos serão calculados dependem da legislação de cada país.

3.6.14 Resultado Líquido das Operações Continuadas

Neste item, deve-se informar o resultado do exercício que remanescer depois de deduzidos os tributos sobre ele incidentes.

Operações continuadas são as operações normais da empresa que ocorreram durante o exercício de abrangência da demonstração, cujas operações continuarão no próximo exercício.

3.6.15 Resultado Líquido das Operações Descontinuadas

Operações Descontinuadas são aquelas que existiram no exercício de abrangência da DRP (exercício findo) e que, por qualquer razão, a empresa não mais as realizará a partir do exercício seguinte.

Vamos assumir que determinada empresa comercial com atividade principal de comércio de veículos novos exerça também a atividade secundária de locação de veículos para terceiros. Neste caso, no fim de cada período (exercício social), a empresa comercial deverá apurar dois resultados: um das atividades de compra e venda de veículos, e outro, da atividade de locação de veículos. Quando não houver exigência legal para apurar resultados e elaborar demonstrações contábeis segregadas, a boa técnica contábil incentiva que, mesmo assim, a empresa elabore demonstrações contábeis segregadas, porque esse procedimento possibilitará a análise do desempenho e facilitará as tomadas de decisões sobre a continuidade ou descontinuidade da atividade secundária.

As entidades, seja qual for a atividade principal que exerçam (agricultura, pecuária, indústria, comércio ou qualquer ramo de prestação de serviços), poderão exercer uma ou muitas atividades secundárias em um mesmo estabelecimento ou tendo estabelecimentos segregados para cada uma das atividades secundárias.

Quando tem vários estabelecimentos com atividades diferentes, dizemos que existe um grupo de empresas sob o comando de uma só entidade, caso em que a entidade de comando deverá proporcionar a apuração de resultados e a elaboração de demonstrações contábeis por segmento e consolidar essas demonstrações, para que estas possam representar o patrimônio do conjunto como se fosse uma só entidade.

Assim, os gestores da entidade devem, periodicamente, analisar o desempenho de cada uma das empresas que estão sob seu comando ou de cada uma das atividades que exerce para decidir sobre a continuidade ou a paralisação de uma ou de mais de uma delas.

Então, sempre que houver em um exercício a paralisação total de alguma atividade da entidade, seja pelo cancelamento de um setor ou pelo fechamento de algum estabelecimento, na DRP que engloba os resultados do conjunto (quando consolidadas) ou na DRP da entidade (quando houver só uma empresa com mais de uma atividade), as normas contábeis incentivam que os resultados das atividades descontinuadas sejam informados segregadamente do resultado das atividades que continuarão nos exercícios seguintes.

É importante destacar, por fim, que o resultado das operações descontinuadas a ser informado na DRP deve corresponder à diferença entre as receitas e as despesas ou custos que ocorreram no exercício findo, relativos às atividades que foram descontinuadas, sendo diminuído, ainda, dos tributos incidentes sobre esse resultado.

A entidade deverá manter em seus livros contábeis registros que possibilitem o perfeito conhecimento desse resultado.

3.6.16 Resultado Líquido do Período

O valor informado nesta linha da DRP representa o lucro ou o prejuízo líquido do período, após a tributação, cujo valor servirá de base para cálculo das participações no resultado, quando houver, ou representará o resultado líquido final, ao qual os dirigentes da empresa deverão dar uma ou mais destinações.

3.6.17 Participações

Como você pôde observar, no Modelo 1 de DRP apresentado neste capítulo não constam as participações.

Ocorre que as participações podem ou não figurar na DRP. Elas dependem de exigências legais. No Brasil, a Lei nº 6.404/1976, Lei das Sociedades por Ações, estabelece, em seu art. 190 que as participações estatutárias de empregados, administradores e partes beneficiárias serão determinadas, sucessivamente e nessa ordem, com base nos lucros que remanescerem depois de deduzida a participação anteriormente calculada. Portanto, se a legislação do país não prevê as participações, este item não precisará ser indicado na DRP.

3.6.18 Lucro Líquido do Período

Neste item, será informado o lucro líquido do período (exercício) que corresponde ao resultado positivo apurado antes da tributação, diminuído dos tributos incidentes sobre esse resultado e das participações, quando a legislação do país prever.

Esse lucro, conforme já estudamos, terá várias destinações. Como poderá ser distribuído ao titular ou aos sócios com a denominação de dividendos, partes dele poderão ficar retidas no patrimônio como reservas para investimentos ou para outra finalidade, parte dele ou o total poderá ser utilizado para cobrir prejuízos apurados em exercícios anteriores etc. Esse assunto, que você já estudou no volume 2 desta série (*Noções de Contabilidade Comercial*), será abordado também no Capítulo 4.

Você pôde perceber que, neste capítulo, desenvolvemos explicações relativas aos componentes da DRP, considerando a partir do item 9 dessa demonstração que a empresa tenha apurado lucro. Contudo, a partir desse item, a empresa poderá incorrer em prejuízo.

Quando o resultado do exercício antes das despesas e das receitas financeiras corresponder a prejuízo, significa que em suas atividades operacionais normais a empresa amargou perda no período. É evidente que esse prejuízo, em decorrência do resultado financeiro (receitas financeiras menos despesas financeiras), poderá continuar sendo prejuízo ou passar a lucro.

Vamos assumir que continue sendo prejuízo. Nesse caso, vai receber a influência do resultado obtido nas operações descontinuadas. Vamos assumir, também, que, após esses resultados, o resultado ainda continue sendo prejuízo. Obviamente, não haverá tributo algum, muito menos participação ou mesmo qualquer destinação do resultado, uma vez que foi igual a prejuízo.

É importante destacar, nesse raciocínio, que mesmo o resultado do exercício sendo igual a prejuízo, antes da tributação, ele poderá receber alguma tributação, uma vez que o fisco poderá exigir, de acordo com a legislação em vigor no país, que esse resultado seja ajustado para fim exclusivo de tributação.

Assim, com a inclusão de receitas que, de acordo com o fisco, deveriam ter sido consideradas pela contabilidade e não foram, bem como pela exclusão de despesas que, de acordo com os interesses do fisco, não deveriam ter sido contabilizadas, mas foram, o prejuízo poderá ser revertido em lucro.

Nesse caso, esse lucro será denominado lucro fiscal e, então, receberá tributação, cujo valor do tributo aumentará ainda mais o prejuízo contábil apurado.

Diante do exposto, quando no item 18 da DRP (Modelo 2 deste capítulo) for informado prejuízo, este poderá ser assumido pelo titular (ou pelos sócios), poderá ser compensado com saldos de reservas existentes no Patrimônio Líquido ou, ainda, figurar no Patrimônio Líquido do Balanço Patrimonial para ser compensado por resultados positivos que poderão ser apurados em exercícios seguintes.

3.6.19 Resultado Líquido do Período Atribuível aos Acionistas Não Controladores e aos Acionistas Controladores

Essas informações estão contidas no item 83 da NBC TG 26. Para saber qual é a parcela do lucro líquido ou do prejuízo líquido pertencente aos acionistas minoritários e aos acionistas majoritários, é preciso saber qual é a participação de cada um desses grupos de acionistas no capital da sociedade.

O cálculo é simples, veja: vamos assumir que a Indústria de Calçados Sol Nascente S/A tenha apurado, no final do exercício de X5, lucro líquido no montante de $ 500.000. Considerando que os sócios minoritários, isto é, não controladores, detenham 10% do capital, e os majoritários, isto é, controladores, detenham 90%. Veja os cálculos e como essas informações serão apresentadas no final da DRP:

Cálculos
Participação dos não controladores: 10% de $ 500.000 = $ 50.000
Participação dos controladores: 90% de $ 500.000 = $ 450.000
No final da DRP, ficará assim:

18 LUCRO LÍQUIDO DO PERÍODO	500.000
19 RESULTADO LÍQUIDO DO PERÍODO ATRIBUÍVEL	
• Aos acionistas não controladores	50.000
• Aos acionistas controladores	450.000

3.6.20 Lucro Líquido ou Prejuízo por Ação do Capital

Nessa linha da DRP, deve-se informar o lucro líquido ou o prejuízo apurado, por ação do capital (quando se tratar de sociedade por ações).

Essa exigência não está explícita nas normas contábeis, contudo, é de grande importância para os usuários das demonstrações contábeis, principalmente por aqueles que pretendem investir na empresa, uma vez que revela a parcela do lucro líquido a ser paga a cada ação que compõe o capital da empresa.

Na legislação societária brasileira, há previsão para que essa informação conste da Demonstração do Resultado do Exercício.

Para obter o valor do Lucro Líquido por ação do Capital, basta dividir o Lucro Líquido pelo número de ações em circulação que compõem o Capital Social da empresa. As Ações em Tesouraria não entram nesse cálculo.

Quando a entidade for constituída sob a forma jurídica de sociedade por ações e o Capital dela for composto por ações de espécie e classes variadas e com direitos e vantagens diferenciadas, o valor do Lucro Líquido ou do Prejuízo por ação deverá ser discriminado de acordo com as classes e espécies existentes. Neste caso, os critérios utilizados para cálculo deverão ser devidamente informados em Notas Explicativas.

Veja, agora, uma opção para cálculo:
Considere as seguintes informações:

- Capital composto por 570.000 ações, sendo 450.000 ações ordinárias e 120.000 ações preferenciais.

- Cada ação preferencial recebe 25% a mais que a remuneração da ação ordinária.
- Lucro líquido do exercício: $ 130.658.

Cálculos:
Em primeiro lugar, precisamos converter as ações preferenciais em ações ordinárias para que possamos conhecer o valor a ser pago a cada ação ordinária. Acompanhe:

- Total de ações ordinárias   450.000
- (+) Total de ações preferenciais   120.000
- (+) 25% das ações preferenciais (25% de 120.000)   30.000
- (=) Total   600.000

Observe que 600.000 corresponde ao número de ações ordinárias que representaria o capital da sociedade, convertendo as preferenciais em ordinárias, uma vez que a entidade remunera cada ação preferencial em 25% a mais que cada ação ordinária.

Faremos:

$$\$ 130.658/600.000 \text{ ações} = \$ 0,2177633 \text{ por ação.}$$

Como temos 450.000 ações ordinárias, faremos:

$$\$ 0,2177633 \times 450.000 \text{ ações} = \$ 97.993$$

Logo, a diferença entre o montante do lucro apurado e o valor que remunera as ações ordinárias corresponderá ao valor que remunerará as ações preferenciais: $ 130.658 – $ 97.993 = $ 32.665.
Sendo 120.000 as ações preferenciais, faremos:

$$\$ 32.665/120.000 \text{ ações} = \$ 0,2722083 \text{ por ação preferencial.}$$

Observe, finalmente, que a Demonstração do Resultado do Período (DRP) ou Demonstração do Resultado do Exercício (DRE) é um relatório contábil apresentado na ordem vertical que evidencia: a receita operacional bruta e as suas deduções; a receita operacional líquida; o custo das mercadorias, dos produtos e dos serviços vendidos; o lucro bruto; as despesas operacionais e as outras receitas operacionais; o resultado da equivalência patrimonial; o resultado antes e depois das despesas e receitas financeiras; o resultado antes dos tributos sobre o lucro líquido; os tributos sobre o lucro líquido; o resultado líquido das operações continuadas; o resultado líquido das operações descontinuadas; o resultado líquido do período e as participações nesse resultado; o lucro ou prejuízo líquido do exercício, bem como o valor do lucro líquido ou do prejuízo atribuível aos sócios não controladores, aos sócios controladores e por ação do capital.

As informações contidas na DRP, portanto, param exatamente no Lucro ou Prejuízo Líquido do Período, sendo que a Destinação do Lucro ou Prejuízo Líquido será apresentada na Demonstração de Lucros ou Prejuízos Acumulados (se elaborada pela empresa) ou na Demonstração das Mutações do Patrimônio Líquido.

- Uma boa dica para a elaboração da DRP, como já dissemos, é que as informações nela apresentadas podem ser extraídas dos lançamentos de Diário relativos à contabilização do Resultado Bruto, do Resultado Líquido, das Deduções e das Participações do Resultado.

Atividades Teóricas

1. **Responda:**
    1.1 O que é a Demonstração do Resultado do Período?
    1.2 Para que serve a Demonstração do Resultado do Período?
    1.3 Cite duas informações que você pode extrair da DRP.
    1.4 Vamos assumir que a DRP que você está analisando não informa o montante da receita operacional bruta nem suas deduções. Onde você buscará essas informações?
    1.5 O que significam as expressões "receitas realizadas" e "despesas incorridas"?
    1.6 Vamos assumir que em 31 de dezembro de X1, no Livro Razão de determinada empresa comercial, constem as seguintes contas com os seguintes saldos:

    CONTAS DE DESPESAS
    - Água e Esgoto   50.000
    - Aluguéis Passivos   240.000
    - Custo das Mercadorias Vendidas   300.000

    CONTAS DE RECEITAS
    - Juros Ativos   10.000
    - Vendas de Mercadorias   900.000

    Considerando somente essas informações, qual foi o resultado apurado por essa empresa no exercício de X1?

    1.7 Na DRP, por que é importante apresentar o resultado operacional segregado do financeiro?
    1.8 De onde o contabilista extrai os dados para elaborar a DRP?
    1.9 Em que consiste a receita operacional bruta de uma empresa?
    1.10 Cite dois exemplos de deduções ou de abatimentos que podem ocorrer sobre a receita operacional bruta.
    1.11 Em que consiste o custo das mercadorias vendidas informado na DRP?
    1.12 Em uma empresa comercial, o que é o lucro operacional bruto?
    1.13 Cite dois grupos de despesas operacionais.
    1.14 As despesas com aluguéis de bens imóveis devem ser classificadas em que grupo de despesas?
    1.15 Os tributos incidentes sobre o resultado do período figuram na DRP após qual informação?

1.16 Por que é importante conhecer o resultado do período antes e depois da tributação?
1.17 Em que consistem as operações descontinuadas e qual a importância do conhecimento dessa informação?
1.18 Qual é o destino que pode ser dado ao prejuízo apurado no fim de um período?
1.19 Como é calculada a parcela do lucro ou prejuízo líquido atribuível aos acionistas minoritários e majoritários?
1.20 Como é calculado o lucro ou prejuízo líquido por ação nas sociedades por ações?

2. **Classifique as afirmativas em falsas (F) ou verdadeiras (V):**
    2.1 ( ) A Demonstração do Resultado do Período é um relatório contábil elaborado somente no final de cada exercício social.
    2.2 ( ) As normas contábeis fixaram um modelo de DRP que deve ser adotado por todas as entidades, para que haja uniformização nas informações nela contidas.
    2.3 ( ) De maneira bem simples, o resultado de um período pode ser apurado por uma única operação: confrontando-se o total das receitas realizadas com o total das despesas incorridas em determinado período.
    2.4 ( ) Quando dizemos "despesas incorridas em um período", estamos nos referindo a todas as despesas cujos fatos geradores ocorreram durante o respectivo período.
    2.5 ( ) Quando dizemos "receitas realizadas em um período", estamos nos referindo a todas as receitas cujos fatos geradores ocorreram durante o respectivo período.
    2.6 ( ) A DRP evidencia a origem das receitas, isto é, de onde vieram os recursos para a empresa e o custo que esta teve para angariar tais receitas.
    2.7 ( ) A receita operacional líquida corresponde à receita operacional bruta deduzida das compras anuladas, dos descontos incondicionais concedidos e dos tributos incidentes sobre as vendas.

3. **Escolha a alternativa correta:**
    3.1 São informações que você pode extrair da Demonstração do Resultado do Período:
        a) O montante das Receitas financeiras, das despesas financeiras e da receita operacional líquida.
        b) O montante das Despesas com as vendas, das despesas administrativas e dos tributos sobre o lucro líquido.
        c) Os valores do custo das mercadorias, dos produtos e dos serviços prestados.
        d) O valor do resultado operacional líquido e do lucro líquido do período.
        e) Todas as alternativas anteriores estão corretas.
    3.2 A DRP revela a formação do resultado, da seguinte maneira:
        a) Mediante o confronto entre as receitas operacionais e as receitas financeiras, observado o regime de competência.
        b) Mediante o confronto entre o total das despesas e custos e o total da receita operacional bruta.
        c) Mediante o confronto entre as receitas e os correspondentes custos e despesas.
        d) Somente a alternativa "a" está incorreta.
        e) Nenhuma das alternativas anteriores.

3.3 A DRP evidencia:
   a) o resultado financeiro.
   b) o resultado patrimonial.
   c) o resultado econômico.
   d) o resultado apurado pelas coligadas.
   e) Nenhuma das alternativas anteriores.

3.4 As despesas e as receitas caracterizam-se:
   a) pelo consumo de bens e pela utilização de serviços.
   b) pela venda de bens e pela prestação de serviços.
   c) pela venda e pelo consumo de bens, respectivamente.
   d) pelo consumo de bens e prestação de serviços e pela venda de bens e utilização de serviços, respectivamente.
   e) Nenhuma das alternativas anteriores.

3.5 O regime contábil de competência determina que devem integrar o resultado do período:
   a) todas as despesas incorridas no respectivo período.
   b) todas as receitas realizadas no respectivo período.
   c) todas as despesas realizadas e receitas incorridas no respectivo período.
   d) Todas estão incorretas.
   e) Somente as alternativas "a" e "b" estão corretas.

3.6 As despesas com salários e encargos sociais devem ser classificadas no grupo das despesas:
   a) com vendas.
   b) gerais e administrativas.
   c) com vendas e gerais e administrativas, dependendo da área de atuação dos empregados.
   d) Somente a alternativa "b" está incorreta.
   e) Nenhuma das alternativas anteriores.

CAPÍTULO 4

DEMONSTRAÇÃO DE LUCROS OU PREJUÍZOS ACUMULADOS

4.1 Entendendo a Demonstração de Lucros ou Prejuízos Acumulados

O que é a Demonstração de Lucros ou Prejuízos Acumulados, para que serve e quais informações é possível extrair dela?
Respostas:

a) A **Demonstração de Lucros ou Prejuízos Acumulados (DLPA)** é uma demonstração contábil (ou relatório contábil) elaborada com dados extraídos da escrituração contábil da entidade que tem como finalidade evidenciar o lucro líquido do exercício e sua destinação, os ajustes contábeis relativos a resultados de exercícios anteriores, as reversões de reservas e os saldos da conta Lucros ou Prejuízos Acumulados no início e no fim do período.

b) Ela mostra a movimentação ocorrida na conta Lucros ou Prejuízos Acumulados, ressaltando o destino que a entidade deu ao lucro líquido apurado no respectivo período.

É importante relembrar que o lucro líquido apurado pelas entidades no fim de cada período está sujeito a tributação, a participação de empregados, administradores e outros, além de outras destinações, por exemplo, uma parcela é destinada aos sócios, como remuneração do capital por eles investido na entidade (dividendos), uma parcela pode ser utilizada para compensar prejuízos acumulados e apurados em períodos anteriores, uma parcela pode ser utilizada para aumento de capital, para constituição de reservas e, ainda, a entidade poderá decidir manter no patrimônio líquido uma parcela do lucro para futuras destinações, isto quando não contrariar disciplinas das normas contábeis.

Assim, a Demonstração de Lucros ou Prejuízos Acumulados evidenciará toda essa movimentação, exceto os tributos incidentes sobre o lucro e as participações de empregados, administradores etc., que, conforme estudamos no Capítulo 3 deste livro, são informadas na Demonstração do Resultado do Período.

É importante destacar, também, que as normas internacionais de contabilidade não contemplam essa demonstração, uma vez que a movimentação dessa conta é considerada por elas entre os outros resultados abrangentes e devem figurar na Demonstração do Resultado Abrangente.

c) Não resta dúvida de que uma das mais importantes revelações da Demonstração de Lucros ou Prejuízos Acumulados é mostrar o que a empresa fez com o lucro líquido que apurou no período.

Essa informação você obtém no item 7 da demonstração. Olhando para a Demonstração de Lucros ou Prejuízos Acumulados, além do destino que a entidade deu ao lucro apurado, você visualiza, de maneira resumida, toda a movimentação de débitos e créditos que ocorreu na conta Lucros ou Prejuízos Acumulados durante o período abrangido por ela, como o saldo porventura existente derivado do período anterior, os ajustes efetuados nesse saldo, o lucro líquido apurado no período, as reversões de reservas e, conforme já dissemos, o destino dado ao saldo ajustado da conta.

Trata-se de uma demonstração elucidativa, pois a partir da leitura dos dados nela informados você os compreenderá sem embaraços.

É importante destacar, também, que os dados informados na Demonstração de Lucros ou Prejuízos Acumulados também são informados na Demonstração das Mutações do Patrimônio Líquido, conforme estudaremos no Capítulo 6.

Se você julgar que os esclarecimentos apresentados até aqui nesta seção foram suficientes e atendem às suas necessidades, poderá desprezar as demais seções e passar para o próximo capítulo. Contudo, se julgar que para seus interesses será preciso conhecer um pouco mais da Demonstração de Lucros ou Prejuízos Acumulados, então, sugerimos que estude as seções a seguir.

4.2 Conceito

A Demonstração de Lucros ou Prejuízos Acumulados (DLPA), conforme vimos anteriormente, é um relatório contábil que tem como finalidade evidenciar o lucro líquido do exercício e sua destinação, os ajustes contábeis relativos a resultados de exercícios anteriores, as reversões de reservas e os saldos da conta Lucros ou Prejuízos Acumulados no início e no fim do período.

Em resumo: a Demonstração de Lucros ou Prejuízos Acumulados evidencia o movimento da conta Lucros ou Prejuízos Acumulados relativo ao período compreendido entre o dia 1º de janeiro e 31 de dezembro do mesmo ano.

A DLPA não é contemplada pelas normas internacionais de contabilidade porque as informações nela contidas são também apresentadas na Demonstração das Mutações do Patrimônio Líquido, a qual será estudada no Capítulo 6.

Mesmo não sendo obrigatória, recomenda-se a elaboração da DLPA, porque por intermédio dela fica muito mais fácil entender a destinação data ao lucro líquido do exercício.

A conta Lucros ou Prejuízos Acumulados é uma conta bilateral pertencente ao grupo do Patrimônio Líquido, como você já sabe, e tem como função receber o saldo credor ou devedor da conta Resultado do Exercício após as deduções e participações (se houver) e dar a esse saldo as devidas destinações.

É importante relembrar que o saldo da conta Resultado do Exercício que deve ser transferido para a conta Lucros ou Prejuízos Acumulados representa o lucro líquido ou o prejuízo apurado no final de cada exercício social.

Conforme estudado no Capítulo 3, esse saldo é o valor informado na penúltima linha da Demonstração do Resultado do Período.

Contabilmente, a transferência do saldo da conta Resultado do Exercício para a conta Lucros ou Prejuízos Acumulados é efetuada após a contabilização dos tributos incidentes sobre o lucro líquido e das participações, se houver.

Quando credor, o saldo da conta Resultado do Exercício que representa lucro líquido é transferido debitando-se a conta Resultado do Exercício e creditando-se a conta Lucros ou Prejuízos Acumulados.

Quando devedor, o saldo da conta Resultado do Exercício que representa prejuízo será transferido debitando-se a conta Lucros ou Prejuízos Acumulados e creditando-se a conta Resultado do Exercício.

Após o lançamento de transferência do saldo para a conta Lucros ou Prejuízos Acumulados, a conta Resultado do Exercício fica com saldo igual a zero, encerrando-se.

Na verdade, a Demonstração de Lucros ou Prejuízos Acumulados mostra a destinação que foi dada ao lucro líquido do exercício ou ao prejuízo, quando for o caso.

Você já sabe que o lucro líquido do exercício poderá ter várias destinações, como aumento do Capital, constituição de reservas, compensação de prejuízos ou, ainda, poderá ser distribuído ao proprietário ou sócios.

É importante destacar que, antes de proceder à destinação do lucro líquido do exercício, ele poderá ser modificado para mais ou para menos em decorrência dos ajustes de exercícios anteriores ou mesmo da reversão de reservas.

Assim, a Demonstração de Lucros ou Prejuízos Acumulados evidenciará todo o movimento ocorrido na conta Lucros ou Prejuízos Acumulados, como saldo no início do período, ajustes de exercícios anteriores, reversões de reservas, o próprio resultado do exercício (lucro ou prejuízo) e sua destinação, que poderá ser constituição de reservas, compensação de prejuízos acumulados apurados em exercícios anteriores (neste caso, esse valor corresponderá ao saldo devedor da conta Lucros ou Prejuízos Acumulados no início do período de abrangência da DLPA). Dependendo da forma jurídica com a qual a empresa estiver revestida, parte do lucro líquido do exercício poderá permanecer na própria conta Lucros ou Prejuízos Acumulados para futuras destinações. Nas empresas constituídas sob a forma jurídica de sociedades por ações, essa prática não é permitida, caso em que a conta Lucros ou Prejuízos Acumulados terá seu saldo zerado.

É importante destacar, ainda, que, quando o resultado do exercício corresponder a prejuízo e não tenha sido assumido pelo titular ou pelos sócios e também não tenha sido compensado com saldos de reservas, o prejuízo permanecerá na conta Lucros ou Prejuízos Acumulados para que possa ser compensado por lucros a serem apurados nos exercícios seguintes. Portanto, a DLPA tem como fim evidenciar toda a movimentação de débitos e créditos ocorrida na conta Lucros ou Prejuízos Acumulados no exercício de sua abrangência.

4.3 Estrutura da DLPA

A estrutura da DLPA evidencia o movimento ocorrido na conta Lucros ou Prejuízos Acumulados, da seguinte maneira:

- o saldo do início do período;
- os ajustes de exercícios anteriores;
- as reversões de reservas;
- o lucro líquido do exercício (ou o prejuízo);
- as parcelas destinadas à constituição de reservas;
- os dividendos distribuídos;
- a parcela dos lucros incorporada ao capital;
- o saldo no fim do período;
- o montante do dividendo por ação do Capital Social.

4.4 Elaboração da DLPA

Os dados para elaboração dessa demonstração são extraídos do Livro Razão, bastando, portanto, consultar a movimentação ocorrida durante o exercício social na conta sintética Lucros ou Prejuízos Acumulados (ou nas contas analíticas Lucros Acumulados e Prejuízos Acumulados).

4.5 Modelo de DLPA

A DLPA também é apresentada no formato vertical, veja:

COMPANHIA: DEMONSTRAÇÃO DE LUCROS OU PREJUÍZOS ACUMULADOS EXERCÍCIO FINDO EM:		
DESCRIÇÃO	EXERCÍCIO ATUAL	EXERCÍCIO ANTERIOR
1. Saldo no Início do Período		
2. Ajustes de Exercícios Anteriores		
3. Saldo Ajustado (1 ± 2)		
4. Lucro ou Prejuízo do Exercício		
5. Reversão de Reservas		
6. Saldo à Disposição		
7. Destinação do Exercício:		
• Reserva Legal		
• Outras Reservas		
• Dividendos Obrigatórios		
• Dividendos por Ação		
8. Saldo no Fim do Exercício		

4.6 Estudo dos componentes da DLPA

4.6.1 Saldo no início do período

Corresponde ao saldo da conta Lucros ou Prejuízos Acumulados constante do Balanço de encerramento do exercício anterior.

Quando a empresa utilizar contas analíticas, o valor a ser informado neste item da DLPA poderá ser extraído da conta Lucros Acumulados ou da conta Prejuízos Acumulados.

4.6.2 Ajustes de exercícios anteriores

Ajustes de exercícios anteriores correspondem aos ajustes decorrentes de efeitos da mudança de critério contábil ou da retificação de erro imputável a determinado exercício anterior e que não possam ser atribuídos a fatos subsequentes.

A legislação societária brasileira (Lei nº 6.404/1976) considera apenas dois casos de ajustes de exercícios anteriores: os decorrentes de mudança de critério contábil e os decorrentes de retificação de erro.

Veja melhor:

a) **Mudança de critério contábil:** é desaconselhável, pois prejudica a consistência das informações apresentadas nas demonstrações contábeis, dificultando a comparabilidade entre os dados de outros períodos (exercícios). Contudo, sempre que a mudança trouxer benefícios visando refletir melhor a situação da entidade, ela deve ser efetuada.

Como exemplos, podemos citar: mudanças nos critérios de avaliação de estoques (de PEPS para Preço Médio Ponderado Móvel); mudanças nos métodos de avaliação de valores de investimentos (Custo para Equivalência Patrimonial); mudanças nas taxas e prazos de depreciação em decorrência da aplicação do teste de recuperabilidade etc.

Quando as mudanças forem efetuadas em determinado exercício, com reflexo nos resultados, e havendo necessidade de recompor os resultados de exercícios anteriores para possibilitar melhores comparabilidade e análise entre eles, essas recomposições deverão ser feitas, e as diferenças positivas ou negativas serão lançadas diretamente na conta Lucros ou Prejuízos Acumulados, a débito ou a crédito, de acordo com a natureza do ajuste.

É importante destacar que os ajustes de exercícios anteriores com reflexo no saldo da conta Lucros ou Prejuízos Acumulados devem ser detalhados nas Notas Explicativas.

b) **Retificação de erros:** compreendem as retificações de erros ocorridos nos registros contábeis, cujos erros não possam, por algum motivo, ser incluídos no exercício atual.

Os erros de escrituração que costumam ocorrer, sujeitando-se a ajustes em exercícios anteriores, referem-se a erros de cálculo, omissão de lançamentos, erros na avaliação de estoques, de investimentos etc.

Todo erro identificado, após devidamente concluídos os procedimentos necessários à apuração do resultado do exercício, e estando as demonstrações contábeis elaboradas e publicadas de modo adequado, deverá ser ajustado no exercício em que for constatado. Quando interferirem nos resultados, esses erros serão contabilizados diretamente a débito ou a crédito da conta Lucros ou Prejuízos Acumulados ou, se utilizada a conta analítica, a débito ou a crédito da conta Lucros Acumulados.

EXEMPLO PRÁTICO

Suponhamos que no mês de maio de X4 constatou-se que uma Receita de Aluguéis de uma entidade, no valor de $ 5.000, referente ao mês de setembro do exercício anterior, foi contabilizada a crédito da conta Clientes, quando o correto seria a crédito da conta que registra a respectiva Receita. Esse erro influi no resultado do exercício de X3, provocando, ainda, redução indevida na conta Clientes. O ajuste deverá ser efetuado no próprio mês de maio de X4, mediante o seguinte lançamento:

> **EXEMPLO PRÁTICO**
>
> Clientes
> a Lucros ou Prejuízos Acumulados
>   Registro que se processa corres-
>   pondente à Receita referente ao mês de
>   setembro de X3, lançada indevidamente
>   a crédito da conta Clientes, que ora
>   se regulariza.   5.000

notas
- Sempre que o ajuste efetuado em decorrência de erro imputável a exercício anterior implicar a falta de recolhimento de algum tributo, a empresa deverá procurar o órgão público competente para proceder ao recolhimento devido, com os acréscimos necessários, conforme determinar a legislação em vigor no país.
- Os ajustes decorrentes desses erros também devem ser informados em Notas Explicativas.

4.6.3 Saldo Ajustado

Corresponde ao saldo inicial da conta Lucros ou Prejuízos Acumulados mais ou menos os ajustes de exercícios anteriores.

4.6.4 Lucro ou Prejuízo do Exercício

Corresponde ao lucro ou prejuízo líquido apurado no exercício e devidamente apresentado na Demonstração do Resultado do Período, mais precisamente na penúltima linha desse demonstrativo.

4.6.5 Reversão de Reservas

Após alcançar suas finalidades, e desde que não tenham sido utilizadas para aumento do Capital da empresa ou para compensar prejuízos, as reservas de lucros deverão ser revertidas para a conta Lucros ou Prejuízos Acumulados a fim de receber novas destinações.

    Vale lembrar que, quando uma reserva de lucros é constituída, sendo ela extraída do lucro líquido do exercício, evita que o respectivo valor destinado à sua constituição seja distribuído aos acionistas.

    Suponhamos que o lucro líquido do exercício de determinada empresa tenha sido de $ 2.000.000 e que os acionistas tenham decidido criar uma reserva para investimentos em filiais no valor de $ 400.000.

    Após a constituição dessa reserva, restará para ser distribuído aos acionistas o montante de $ 1.600.000. Assim, a reserva constituída evitou que, dos 2 milhões, 400 mil fossem distribuídos.

Saiba que a distribuição do Lucro aos acionistas sob a forma de dividendos acarreta diminuição no Ativo Circulante, em função da saída de numerários. Assim, com a constituição da Reserva, a empresa poderá contar com o correspondente recurso de 400 mil integrando seu Capital de giro para investir em filiais, conforme o propósito.

Suponhamos, agora, que no final do exercício seguinte o respectivo investimento tenha sido efetuado com a abertura de duas filiais. Depois de realizado o investimento, a reserva atingiu o fim a que foi proposta, devendo, portanto, ser revertida. Assim, seu saldo é transferido a crédito da conta Lucros ou Prejuízos Acumulados, integrando o saldo dessa conta em conjunto com o lucro líquido do exercício atual (mais ajustes etc., conforme consta na demonstração em estudo).

Agora, então, o montante das reservas revertidas poderá ser distribuído aos acionistas ou utilizado para a constituição de novas reservas.

4.6.6 Saldo à Disposição

Este saldo corresponde ao saldo inicial da conta Lucros ou Prejuízos Acumulados, mais ou menos ajustes de exercícios anteriores, mais Lucro Líquido do Exercício ou menos Prejuízo Líquido do Exercício, mais as reversões de reservas. Este montante é que fica à disposição da assembleia (no caso das Sociedades por Ações) ou dos sócios (nos outros tipos de sociedades), para que sejam calculadas as Destinações.

4.6.7 Destinação do Exercício

As Destinações a que está sujeito o saldo da conta Lucros ou Prejuízos Acumulados, após as influências supracitadas, são:

- constituição de reservas;
- distribuição aos acionistas em forma de dividendos;
- aumento de Capital.

Convém salientar que as bases de cálculo das reservas, bem como dos dividendos, poderão ser diferentes em cada empresa. Veja:

a) **Reservas:** você já sabe que as reservas que devem constar da DLPA são aquelas derivadas do lucro líquido apurado pela empresa.
b) **Dividendos:** os dividendos correspondem à parte do lucro líquido do exercício que é distribuída aos acionistas.

Os critérios para distribuição dos dividendos devem constar dos estatutos das entidades. Por esse motivo, as bases e os percentuais para cálculo poderão ser diferentes em cada entidade. Normalmente, a legislação societária de cada país deve disciplinar esse assunto para evitar que o acionista minoritário, quando se tratar de sociedades por ações, seja prejudicado. No caso das entidades constituídas sob outra forma jurídica que não seja a de sociedade por ações, a porcentagem do Lucro Líquido que deverá ser distribuída aos sócios, se não constar do contrato social, será decidida pelos próprios sócios no final de cada exercício social.

4.6.8 Dividendos por Ação

Para conhecer o valor do Dividendo por Ação a ser indicado na DLPA, basta dividir o valor dos respectivos dividendos a serem distribuídos pelo número de ações em circulação que compõem o Capital da Entidade.

Quando a entidade possuir ações de classes e espécies diferentes, cujos dividendos sejam atribuídos a cada classe ou espécie em porcentagens também diferentes, o valor do dividendo por ação deverá ser discriminado de acordo com as classes e espécies existentes. Neste caso, os critérios utilizados para cálculos deverão ser devidamente informados em Notas Explicativas.

Se a Entidade possuir ações em tesouraria, a elas não serão atribuídos dividendos.

Atividades Teóricas

1. **Responda**
   1.1 O que é a Demonstração de Lucros ou Prejuízos Acumulados?
   1.2 Para que serve a Demonstração de Lucros ou Prejuízos Acumulados?
   1.3 Qual é a mais importante informação que você pode extrair da DLPA?
   1.4 Além do destino dado ao lucro líquido apurado, quais são as demais informações que se podem extrair da DLPA?
   1.5 Quais são as deduções a que o resultado do exercício está sujeito?
   1.6 Em que consistem as participações a que o resultado do exercício está sujeito?
   1.7 Quais são os destinos que as entidades podem dar ao lucro líquido do período?
   1.8 De onde são extraídos os dados para elaboração da DLPA?
   1.9 O que são ajustes de exercícios anteriores?
   1.10 Tecnicamente, não é aconselhável fazer mudanças nos critérios contábeis. Em que circunstâncias elas devem ser efetuadas?
   1.11 Cite dois exemplos de erros que podem ser enquadrados entre os ajustes de exercícios anteriores.
   1.12 Nas sociedades por ações, como se apura o valor do dividendo por ação?

2. **Classifique as afirmativas em falsas (F) ou verdadeiras (V):**
   2.1 ( ) As normas internacionais de contabilidade não contemplam a DLPA.
   2.2 ( ) As informações apresentadas na DLPA também constam da Demonstração das Mutações do Patrimônio Líquido.
   2.3 ( ) A conta Lucros ou Prejuízos Acumulados tem como função receber o saldo credor ou devedor da conta Resultado do Exercício após as deduções e participações (se houver) e dar a esse saldo as devidas destinações.
   2.4 ( ) A DLPA começa informando, em sua primeira linha, o valor do lucro líquido do exercício.
   2.5 ( ) Segundo as normas contábeis, as sociedades constituídas sob a forma jurídica de sociedades por ações poderão manter no Patrimônio Líquido saldo credor na conta Lucros ou Prejuízos Acumulados para futuras destinações.
   2.6 ( ) Como ajustes de exercícios anteriores podemos citar aqueles decorrentes de mudança de critério contábil e os decorrentes de retificação de erro.

2.7 ( ) Os ajustes efetuados na escrituração decorrente de erros ocorridos em exercícios anteriores não precisam ser informados em Notas Explicativas.

2.8 ( ) Nas sociedades constituídas sob qualquer forma jurídica, desde que não seja a de sociedades por ações, o percentual do lucro líquido que será destinado aos sócios terá de estar previsto nos respectivos contratos sociais.

3. **Escolha a alternativa correta:**

    3.1 São informações que integram a DLPA:
    a) Parcelas deduzidas do lucro, como tributos e participações a empregados.
    b) Parcelas do lucro destinadas aos sócios (dividendos) e à constituição de reservas.
    c) Parcelas do lucro utilizadas para aumento do Capital e para compensar prejuízos.
    d) As alternativas "b" e "c" estão corretas.
    e) Nenhuma das alternativas anteriores.

    3.2 O saldo da conta Resultado do Exercício, que figura na última linha da Demonstração do Resultado do Período, é transferido contabilmente para a conta Lucros ou Prejuízos Acumulados:
    a) debitando-se a conta Resultado do Exercício e creditando-se a conta Lucros ou Prejuízos Acumulados, quando se tratar de lucro líquido do exercício.
    b) creditando-se a conta Resultado do Exercício e debitando-se a conta Lucros ou Prejuízos Acumulados, quando se tratar de prejuízo do exercício.
    c) debitando-se a conta Resultado do Exercício e creditando-se a conta Lucros ou Prejuízos Acumulados, quando se tratar de prejuízo do exercício.
    d) creditando-se a conta Resultado do Exercício e debitando-se a conta Lucros ou Prejuízos Acumulados, quando se tratar de lucro do exercício.
    e) As alternativas "a" e "b" estão corretas.

    3.3 Quando o resultado do exercício corresponder a prejuízo e, não havendo saldos de reservas no Patrimônio Líquido, esse saldo:
    a) Será transferido a débito da conta Lucros ou Prejuízos Acumulados.
    b) Permanecerá no Patrimônio Líquido para que seja compensado com lucros a serem apurados em exercícios futuros.
    c) Poderá ser assumido pelos sócios.
    d) As alternativas "a", "b" e "c" estão corretas.
    e) Nenhuma das alternativas anteriores.

    3.4 O montante do lucro líquido que será distribuído aos sócios no final de um exercício social será:
    a) O valor integral do lucro líquido apurado no exercício, desde que não existam outras destinações.
    b) A diferença entre o lucro líquido e os valores destinados à constituição de reservas.
    c) O montante apurado pela soma do lucro líquido do exercício mais as reversões de reservas, quando não houver outras destinações.
    d) O montante apurado pela soma algébrica do saldo inicial da conta Lucros ou Prejuízos Acumulados, dos ajustes de exercícios anteriores, das reversões de reservas e das parcelas destinadas à constituição de reservas.
    e) Todas as alternativas anteriores estão corretas.

CAPÍTULO 5

DEMONSTRAÇÃO DO RESULTADO ABRANGENTE

5.1 Entendendo a Demonstração do Resultado Abrangente

O que é a Demonstração do Resultado Abrangente, para que serve e quais informações é possível extrair dela?

Respostas:

a) A **Demonstração do Resultado Abrangente (DRA)**, é uma demonstração contábil (ou relatório contábil) elaborada com dados extraídos da escrituração contábil da entidade com a finalidade de evidenciar, além do lucro líquido, as demais mutações ocorridas no Patrimônio Líquido que não transitaram pela Demonstração do Resultado do Período.

b) Ela mostra as mutações que ocorreram no patrimônio líquido durante determinado período, evidenciando o lucro ou prejuízo líquido do período e as demais receitas e despesas que provocaram mutações no Patrimônio Líquido e que, por sua natureza, não transitaram pela Demonstração do Resultado do Período.

É importante destacar que o Patrimônio Líquido pode, também, sofrer mutações em decorrência do ingresso de novos recursos na empresa por meio de seus sócios. Essas mutações não são informadas na DRA porque não derivam de resultado, ou seja, não são despesas nem receitas.

c) Observando a Demonstração do Resultado Abrangente, você visualiza as transações que ocorreram na empresa e que provocaram alterações no Patrimônio Líquido, ou seja:
   1. O lucro ou prejuízo líquido apurado no período. Essa informação você obtém na primeira linha da demonstração.
   2. Todas as demais transações que interferiram no Patrimônio Líquido e que não transitaram pela Demonstração do Resultado do Período.

Também já sabe que o patrimônio líquido é a parte do patrimônio que pertence aos proprietários. Assim, ao contemplar a Demonstração do Resultado Abrangente, você fica conhecendo quais foram os acontecimentos responsáveis pela modificação do saldo do Patrimônio Líquido, ou seja, as transações que fizeram que o saldo do Patrimônio Líquido no fim de um período não fosse o mesmo que existia no início desse mesmo período.

Sabemos que a principal mutação que ocorre no Patrimônio Líquido de um exercício para outro é o próprio resultado apurado pela movimentação do patrimônio, que poderá ser lucro ou prejuízo.

Você já aprendeu que o resultado do período é apurado pelo confronto entre o total das despesas incorridas e das receitas realizadas durante o período, em decorrência da aplicação do regime de competência.

Você já sabe também que despesas incorridas e receitas realizadas são aquelas cujos fatos geradores ocorreram durante o exercício. Esse assunto foi tratado no Capítulo 4 do volume 2 desta série.

Pois bem, existem despesas e receitas que podem ocorrer durante um exercício, impactando no Patrimônio Líquido, mas que, em decorrência do regime de competência, não foram incluídas na apuração do resultado porque seus fatos geradores ainda não ocorreram.

São exatamente essas despesas e receitas que figuram detalhadamente na DRA.

É evidente que tais receitas e despesas ocorrem em número menor que aquelas informadas na DRP, podendo até nem ocorrer. Como exemplos, citamos a variação positiva ou negativa da avaliação de contas do ativo e/ou do passivo a valor justo; a realização de receitas embutidas nas reservas de reavaliação, por ocasião de baixas de bens do Ativo Imobilizado; os ajustes de exercícios anteriores etc.

Para entender quais informações devem figurar na DRA, é preciso avançar um pouquinho mais no estudo da Contabilidade. Como nosso propósito nesta obra não é esse, no estágio em que nos encontramos, é suficiente saber que a DRA mostra todas as variações que ocorreram no Patrimônio Líquido, decorrentes da movimentação do patrimônio, evidenciando o lucro ou o prejuízo líquido do exercício e as demais receitas e despesas que não foram apresentadas na DRP, pelas razões já comentadas.

É importante destacar, ainda, que no final da DRA você encontra destacada a parcela do resultado abrangente total atribuível aos sócios não controladores, bem como a parcela atribuível aos sócios controladores.

Se você julgar que os esclarecimentos apresentados até aqui nesta seção foram suficientes e atendem às suas necessidades, poderá desprezar as demais seções e passar para o próximo capítulo. Contudo, se julgar que para seus interesses será preciso conhecer um pouco mais da Demonstração do Resultado Abrangente, então, sugerimos que estude as seções a seguir.

5.2 Conceito

Segundo as normas contábeis, a Demonstração do Resultado Abrangente é um relatório contábil que evidencia as mutações ocorridas no patrimônio líquido durante um período, as quais resultam de transações e outros eventos que não foram derivados de transações com os sócios em sua qualidade de proprietários.

Você já sabe que o desempenho de uma entidade em determinado exercício social, considerando-se o regime de competência, é medido pelo confronto entre o total das receitas realizadas com o total das despesas incorridas durante esse mesmo exercício.

Quando falamos em despesas incorridas e receitas realizadas, logo nos vem à mente as informações contidas na demonstração do resultado do período (ou demonstração do resultado do exercício). Contudo, para as normas contábeis, o desempenho de uma entidade engloba também as mutações que ocorrem no patrimônio líquido e que não integraram o resultado.

Por esse motivo, as normas contábeis estabelecem que o desempenho da entidade em determinado exercício deve ser apresentado em duas demonstrações: uma parte na demonstração do resultado do período, e outra parte na demonstração do resultado abrangente do período.

Portanto, para as normas contábeis, desempenho é o resultado abrangente total, isto é, o resultado do confronto entre as receitas realizadas e as despesas incorridas no período (apresentado na demonstração do resultado do período), adicionado ou subtraído às demais mutações que ocorrerem no patrimônio líquido, desde que essas mutações não decorram de transações e outros eventos realizados com os sócios em sua qualidade de proprietários.

Os aumentos de capital com recursos dos sócios, bem como a cobertura de prejuízos, também com recursos deles, são exemplos de ações dos sócios como proprietários; constituição de reservas de reavaliação (quando permitidas por Lei), avaliação de instrumentos financeiros destinados à venda por seu valor justo (eventos que geram débitos ou créditos na conta Ajustes de Avaliação Patrimonial) e ajustes de exercícios anteriores são exemplos de outros eventos que provocam mutações no patrimônio líquido sem transitar pelo resultado.

Assim, na demonstração do resultado do exercício são apresentadas as despesas e as receitas que, de acordo com o regime de competência, foram responsáveis pela formação do resultado (lucro ou prejuízo) do exercício, sobrando para a demonstração do resultado abrangente as variações que interferiram diretamente no patrimônio líquido e que não transitaram pela demonstração do resultado do período.

Conforme já dissemos, além das outras despesas e receitas que interferiram no Patrimônio Líquido e que não transitaram pelo resultado, a DRA informa o montante do resultado do período (lucro ou prejuízo) constante da Demonstração do Resultado do Período.

- Segundo estabelece o item 3.18 da norma brasileira de contabilidade NBC TG 1.000, convergente com as normas internacionais de contabilidade IFRS, nas pequenas e médias empresas, quando as únicas alterações no patrimônio líquido durante os períodos para os quais as demonstrações contábeis são apresentadas derivarem do resultado, de distribuição de lucro, de correção de erros de períodos anteriores e de mudanças de políticas contábeis, a entidade pode apresentar uma única demonstração dos lucros ou prejuízos acumulados no lugar da demonstração do resultado abrangente e da demonstração das mutações do patrimônio líquido.

5.3 Estrutura da DRA

A Demonstração do Resultado Abrangente do Período começa com o resultado líquido do período (item final da Demonstração do Resultado do Período) e inclui os outros resultados abrangentes.

A Demonstração do Resultado Abrangente pode ser apresentada em quadro demonstrativo próprio ou dentro da Demonstração das Mutações do Patrimônio Líquido.

Conforme consta do item 82A da norma brasileira de contabilidade NBC TG 26, convergente com as normas internacionais de contabilidade IFRS, a Demonstração do Resultado Abrangente deve incluir, no mínimo:

a) resultado líquido do período;
b) cada item dos outros resultados abrangentes, classificados conforme sua natureza (exceto montantes relativos ao item "c" a seguir);
c) parcela dos outros resultados abrangentes de empresas investidas reconhecida por meio do método de equivalência patrimonial;
d) resultado abrangente do período.

A mencionada NBC TG 26 estabelece, ainda, em seu item 7, que outros resultados abrangentes compreendem itens de receita e despesa (incluindo ajustes de reclassificação) que não são reconhecidos na Demonstração do Resultado, como requerido ou permitido pelas normas, interpretações e comunicados técnicos emitidos pelo Conselho Federal de Contabilidade (CFC) – órgão integrante do governo brasileiro.

Os componentes dos outros resultados abrangentes incluem:

a) variações na reserva de reavaliação, quando permitidas legalmente;
b) ganhos e perdas atuariais em planos de pensão, com benefício definido, reconhecidos conforme item 93A da NBC TG 33 – Benefícios a Empregados;
c) ganhos e perdas derivados de conversão de demonstrações contábeis de operações no exterior;
d) ajuste de avaliação patrimonial relativo aos ganhos e perdas na remensuração de ativos financeiros disponíveis para venda;
e) ajuste de avaliação patrimonial relativo à efetiva parcela de ganhos ou perdas de instrumentos de *hedge* em *hedge* de fluxo de caixa.

5.4 Modelo

ENTIDADE:
DEMONSTRAÇÃO DO RESULTADO ABRANGENTE
EXERCÍCIO FINDO EM:

DESCRIÇÃO	EXERCÍCIO ATUAL $	EXERCÍCIO ANTERIOR $
1. Resultado do Período		
2. Variações na reserva de reavaliação quando permitida legalmente		
3. Ganhos e perdas atuariais em planos de pensão com benefício definido reconhecido		
4. Ganhos e perdas derivados de conversão de Demonstrações Contábeis de operações no exterior		
5. Ajuste de avaliação patrimonial relativo aos ganhos e perdas na remensuração de ativos financeiros disponíveis para venda		
6. Ajuste de avaliação patrimonial relativo à efetiva parcela de ganhos ou perdas de instrumentos de *hedge* em *hedge* de fluxo de caixa		
7. Parcela dos outros Resultados Abrangentes de empresas investidas reconhecida por meio do método de equivalência patrimonial		
8. Resultado Abrangente do Período		
9. Total do resultado abrangente do período atribuível aos: • Acionistas não controladores • Acionistas controladores		

Atividades Teóricas ❶

1. **Responda:**
   1.1 O que é a Demonstração do Resultado abrangente?
   1.2 Para que serve a DRA?
   1.3 Quais informações é possível extrair da DRA?
   1.4 Segundo as normas contábeis, o que é resultado abrangente?
   1.5 Cite duas ações dos sócios como proprietários que podem provocar modificações no Patrimônio Líquido e que não devem figurar na DRA.
   1.6 Cite dois exemplos de transações que provocam modificações no Patrimônio Líquido e que devem ser informadas na DRA.

2. **Classifique as afirmativas em falsas (F) ou verdadeiras (V):**
   2.1 ( ) A DRA evidencia detalhadamente todas as transações que provocaram modificações no Patrimônio Líquido.
   2.2 ( ) A DRA não evidencia as variações do PL derivadas dos sócios, porque essas variações não correspondem a receitas nem a despesas.
   2.3 ( ) A DRA não detalha os grupos de despesas e receitas que interferiram no resultado do período, porque essas informações constam da DRP.
   2.4 ( ) O desempenho de uma entidade em determinado exercício social, considerando-se o regime de competência, é medido a partir do confronto entre o total das receitas realizadas e o total das despesas incorridas durante esse mesmo exercício.
   2.5 ( ) Segundo as normas contábeis, a Demonstração do Resultado Abrangente pode ser apresentada em quadro demonstrativo próprio ou dentro da Demonstração das Mutações do Patrimônio Líquido.
   2.6 ( ) O desempenho de uma entidade durante determinado exercício deve ser demonstrado em duas demonstrações contábeis: na DRP e na DRA.

3. **Escolha a afirmativa correta:**
   3.1 A DRA proporciona o conhecimento:
   a) das mutações que ocorreram no PL em determinado período, exceto as derivadas dos sócios na qualidade de proprietários.
   b) o lucro ou o prejuízo do exercício.
   c) todas as transações que provocaram modificações no PL e que não transitaram pela DRP, exceto aquelas derivadas de ações dos sócios.
   d) das variações ocorridas no Patrimônio Líquido por ação dos sócios.
   e) Somente a alternativa "d" está incorreta.

   3.2 As normas contábeis estabelecem que o desempenho da entidade em determinado exercício deve ser apresentado por meio:
   a) da Demonstração do Resultado do Período.
   b) da Demonstração do Resultado Abrangente.
   c) da Demonstração do Resultado do Período e da Demonstração do Resultado Abrangente.
   d) da Demonstração do Resultado do Período e da Demonstração do Valor Adicionado.
   e) Nenhuma das alternativas anteriores.

3.3 Conforme consta do item 82A, da norma brasileira de contabilidade NBC TG 26, convergente com as normas internacionais de contabilidade IFRS, a Demonstração do Resultado Abrangente deve incluir, no mínimo:
   a) o resultado líquido do período.
   b) cada item dos outros resultados abrangentes, classificados conforme sua natureza.
   c) a parcela dos outros resultados abrangentes de empresas investidas reconhecida por meio do método de equivalência patrimonial.
   d) o resultado abrangente do período.
   e) Todas as alternativas estão corretas.

CAPÍTULO 6

DEMONSTRAÇÃO DAS MUTAÇÕES DO PATRIMÔNIO LÍQUIDO

6.1 Entendendo a Demonstração das Mutações do Patrimônio Líquido

O que é a Demonstração das Mutações do Patrimônio Líquido, para que serve e quais informações é possível extrair dela?
Respostas:

a) A **Demonstração das Mutações do Patrimônio Líquido (DMPL)** é uma demonstração contábil (ou relatório contábil) elaborada com dados extraídos da escrituração contábil da entidade que tem como finalidade evidenciar as variações ocorridas em todas as contas que compõem o Patrimônio Líquido em determinado período.
b) Ela mostra as variações que ocorreram em todas as contas integrantes do Patrimônio Líquido durante determinado período.
c) Consultando a Demonstração das Mutações do Patrimônio Líquido, você fica conhecendo os principais fatos que ocorreram durante o período e que foram responsáveis pelas alterações em contas e saldos de contas integrantes do Patrimônio Líquido.

É importante destacar que as variações no Patrimônio Líquido podem ou não alterar seu valor. As mutações que ocorrem no Patrimônio Líquido e que modificam seu valor (saldo ou montante) são:

1. O lucro ou o prejuízo líquido apurado durante o exercício social em decorrência do confronto entre o total das despesas incorridas e das receitas realizadas durante o respectivo período. Essas despesas e receitas são informadas na Demonstração do Resultado do Período;
2. Outros resultados que, embora tenham provocado alterações no Patrimônio Líquido, por sua natureza, não transitaram pela DRP, mas foram informados na DRA;
3. Os ingressos de recursos derivados dos sócios que não são demonstrados nem na DRP nem na DRA, porque não correspondem a despesas nem a receitas.

As mutações que ocorrem no Patrimônio Líquido e que não modificam seu valor (saldo ou montante) correspondem às migrações de valores de uma conta do Patrimônio Líquido para outra conta, também do Patrimônio Líquido, por exemplo:

- aumento de capital com aproveitamento de saldos de reservas ou de lucros acumulados;
- constituição de reservas com lucros apurados pela própria empresa;
- compensação de prejuízos com saldos de reservas;
- reversões de reservas de lucros etc.

Enfim, todas as mutações que ocorrem no Patrimônio Líquido são demonstradas na DMPL. Se você julgar que os esclarecimentos apresentados até aqui nesta seção foram suficientes e atendem às suas necessidades, poderá desprezar as demais seções e passar para o próximo capítulo. Contudo, se julgar que para seus interesses será preciso conhecer um pouco mais da Demonstração das Mutações do Patrimônio Líquido, então, sugerimos que estude as seções a seguir.

6.2 Conceito

A Demonstração das Mutações do Patrimônio Líquido (DMPL), conforme já dissemos, é um relatório contábil cuja finalidade é evidenciar as variações ocorridas em todas as contas que compõem o Patrimônio Líquido em determinado período.

6.3 Estrutura da DMPL

A DMPL é elaborada em um gráfico com colunas, sendo destinada uma coluna para cada conta integrante do Patrimônio Líquido, observando-se que a primeira coluna (do lado esquerdo) é reservada à descrição da natureza das transações que provocaram as mutações, e a última coluna (do lado direito) é utilizada para os totais.

Essa demonstração deve conter tantas linhas quantas forem as transações ocorridas e que mereçam ser evidenciadas em relação à migração de valores entre as contas, sendo que na primeira linha serão transcritos os saldos iniciais de cada conta, e na última linha, os respectivos saldos finais.

Portanto, a soma algébrica da última linha do demonstrativo, que será indicada na última coluna (do lado direito), reservada aos totais, coincidirá com o total dessa mesma coluna e corresponderá ao total do grupo do Patrimônio Líquido constante do Balanço Patrimonial.

Para evitar um número excessivo de colunas na DMPL, as informações relativas ao Capital Social e às Reservas poderão ser apresentadas de modo englobado em seus respectivos grupos. Nesse caso, os fluxos de recursos de uma conta para outra, que revelam a origem de cada mutação, deverão ser informados em Notas Explicativas.

6.4 Elaboração da DMPL

Os dados para elaboração dessa demonstração são extraídos do Livro Razão, bastando, portanto, consultar a movimentação ocorrida, durante o exercício, em cada uma das contas do Patrimônio Líquido.

6.5 Modelo de DMPL

Sabemos que, para efeito de comparação, as demonstrações contábeis de cada exercício devem ser divulgadas com a indicação dos valores correspondentes das demonstrações do exercício anterior.

Nas demonstrações contábeis que contêm apenas uma coluna de valores, como ocorre, por exemplo, com o Balanço Patrimonial, para atender a essa exigência, basta inserir uma coluna adicional para as informações do exercício anterior. Essa possibilidade, portanto, não existe na DMPL, uma vez que ela é composta por várias colunas de valores. A solução encontrada é apresentar um demonstrativo duplo, sendo informados, inicialmente, os dados relativos ao exercício anterior e, na sequência, continuando o demonstrativo, os dados relativos ao exercício atual.

Veja, a seguir, um modelo de DMPL que poderá ser utilizado:

COMPANHIA:
DEMONSTRAÇÃO DAS MUTAÇÕES DO PATRIMÔNIO LÍQUIDO
EXERCÍCIO FINDO EM:

Descrição	Capital Social	Reservas de Capital	Reservas de Lucros	Ajustes de Avaliação Patrimonial	Ações em Tesouraria	Prejuízos Acumulados	Lucros a Destinar	Totais
Saldo em 31/12/X0								
Aumentos de Capital:								
• Com Reservas de Capital								
Lucro ou Prejuízo do Exercício								
Reversão de Reservas								
Destinação do Exercício:								
• Reserva Legal								
Reserva para Investimentos								
• Dividendos								
• Juros sobre o Capital Próprio								
Saldo em 31/12/X1								
Aumentos de Capital:								
• Com Reservas de Capital								
Lucro ou Prejuízo do Exercício								
Reversão de Reservas								
Destinação do Exercício:								
• Reserva Legal								
• Reserva para Investimentos								
• Dividendos								
• Juros sobre o Capital Próprio								
Saldo em 31/12/X2								

Observações

- O título "Lucros a Destinar", constante da penúltima coluna, não corresponde a título de conta integrante do grupo do Patrimônio Líquido. Essa coluna figura na DMPL apenas para permitir a demonstração da Destinação do Lucro Líquido do Exercício. O total dessa coluna será sempre igual a zero, não interferindo, portanto, no somatório do grupo do Patrimônio Líquido.

- É sempre importante destacar que, embora as normas contábeis incentivem todas as entidades constituídas sob a forma jurídica de sociedades por ações (sociedades anônimas ou companhias) a dar destinação total aos lucros apurados em cada exercício social, entidades constituídas sob outras formas jurídicas que não seja a de sociedade por ações poderão manter no Patrimônio Líquido saldo na conta Lucros Acumulados, para futuras destinações. Quando isso ocorrer, será possível utilizar, na Demonstração das Mutações do Patrimônio Líquido, uma coluna para a conta "Lucros ou Prejuízos Acumulados" e abandonar as colunas "Prejuízos Acumulados" e "Lucros a Destinar", conforme constam do modelo apresentado neste capítulo.

- No modelo apresentado, estamos considerando que a DMPL se refere ao exercício de X2, elaborada em 31/12/X2.

- No corpo da DMPL, apresentamos 21 linhas. Nas linhas de 1 a 11, as informações referem-se ao exercício anterior, ao passo que as informações apresentadas nas linhas 12 a 21 se referem ao exercício findo. Observe que o saldo em 31/12/X1 apresentado na linha 11 corresponde ao saldo inicial para o exercício findo.

- Nesse exemplo, estamos simulando aumento de Capital com incorporação de Reservas de Capital. Lembramos, no entanto, que nessa linha poderão constar Reservas de Lucros, Ajustes de Avaliação Patrimonial ou, ainda, integralizações em dinheiro ou em bens, conforme o caso. Quando ocorrer aumento de Capital com recursos oriundos de várias fontes, haverá na DMPL uma linha para indicar cada uma dessas origens.

- Estamos prevendo, nesse exemplo, que o Lucro Líquido foi destinado à formação de Reserva Legal, de Reserva para Investimento, e o restante foi distribuído em forma de dividendos. Lembramos que poderão ocorrer outras Destinações, as quais deverão ser devidamente informadas, uma em cada linha dessa demonstração.

- Observe, ainda, que, se além dos eventos previstos no modelo de DMPL apresentado tivessem ocorrido outros que também provocassem variações nos saldos das contas do Patrimônio Líquido, no exercício findo ou no anterior, esses eventos também deveriam ser indicados na demonstração. Exemplos desses eventos são: Compensação do Prejuízo do Exercício com Reservas; Compensação de Prejuízos Acumulados com Lucros, Aumentos de Capital com Reservas de Lucros, com o Saldo de Ajustes de Avaliação Patrimonial, Diminuições de Capital, Ajustes de Exercícios Anteriores etc.

Atividades Teóricas

1. **Responda:**
   - **1.1** O que é a Demonstração das Mutações do Patrimônio Líquido?
   - **1.2** Para que serve a DMPL?
   - **1.3** Que informações é possível extrair da DMPL?
   - **1.4** As informações encontradas na DMPL também constam na DLPA e na DRA. Essa afirmativa está correta? Explique.
   - **1.5** O total apresentado na última coluna do lado direito da DMPL deve coincidir com que total apresentado no Balanço Patrimonial?
   - **1.6** De onde são extraídos os dados para elaboração da DMPL?

2. **Classifique as afirmativas em falsas (F) ou verdadeiras (V):**
   - **2.1** ( ) Todas as Informações apresentadas na DMPL também são apresentadas na DLPA e na DRA.
   - **2.2** ( ) As informações contidas na DLPA constam na DMPL e as informações contidas na DMPL também constam na DLPA.
   - **2.3** ( ) Todas as informações apresentadas na DLPA e na DRA constam também na DMPL; contudo, nem todas as informações apresentadas na DMPL figuram nessas outras duas citadas.
   - **2.4** ( ) Para evitar um número excessivo de colunas na DMPL, as informações relativas ao Capital Social e às Reservas poderão ser apresentadas de modo englobado em seus respectivos grupos. Nesse caso, os fluxos de recursos de uma conta para outra, que revelam a origem de cada mutação, deverão ser informados em Notas Explicativas.

CAPÍTULO 7

DEMONSTRAÇÃO DOS FLUXOS DE CAIXA

7.1 Entendendo a Demonstração dos Fluxos de Caixa

O que é a Demonstração dos Fluxos de Caixa, para que serve e quais informações é possível extrair dela?

Respostas:

a) A **Demonstração dos Fluxos de Caixa (DFC)** é uma demonstração contábil (ou relatório contábil) elaborada com dados extraídos da escrituração contábil da entidade com a finalidade de evidenciar as transações ocorridas em determinado período e que provocaram modificações no saldo de Caixa.

b) Ela tem como fim evidenciar as transações ocorridas em determinado período e que provocaram modificações no saldo de Caixa da entidade. Possibilita, também, o conhecimento do montante de dinheiro que ingressou, do montante de dinheiro que saiu e do montante de dinheiro que permaneceu na entidade no final do período de sua abrangência.

c) Observando a DFC, você encontra várias informações envolvendo o fluxo de entradas e saídas de dinheiro na empresa. Mas, antes de tudo, você precisa saber que a palavra "caixa", para a DFC, representa o total das disponibilidades da empresa, isto é, o montante de dinheiro existente na própria conta Caixa (dinheiro em poder da empresa), na conta Bancos Conta Movimento (dinheiro da empresa depositado em contas-correntes bancárias) e nas contas consideradas equivalentes de caixa (dinheiro da empresa em poder de estabelecimentos bancários, depositados em contas específicas de aplicações financeiras de curtíssimo prazo.

Enfim, para a DFC a palavra "caixa" engloba todas as contas do grupo das Disponibilidades do Balanço Patrimonial.

A expressão "liquidez imediata" é empregada para indicar que a aplicação financeira pode ser transformada em dinheiro a qualquer momento.

Feitas essas breves considerações, veja, a seguir, quantas informações importantes você pode extrair da DFC:

1. O saldo de caixa existente no início do período. Essa informação você obtém lendo o item 5 da demonstração.
2. O montante de dinheiro que permaneceu no caixa no fim do período. Essa informação você obtém lendo o item 6 da demonstração.
3. A diferença entre o saldo existente no final e o existente no início do período. Essa informação você obtém lendo o item 4 da demonstração.
4. Os detalhes dos montantes de dinheiro que ingressaram na entidade, bem como o que a entidade fez com os montantes que não permaneceram. Essas informações você obtém consultando os itens 1 a 3 da demonstração.

É importante destacar que, para facilitar o conhecimento dos recursos financeiros que ingressaram e saíram da entidade em um período, a DFC apresenta esse fluxo segregando-o em três grupos de atividades:

a) **atividades operacionais:** os fluxos de entradas e saídas de dinheiro classificados nessa categoria você obtém lendo o item 1 da DFC;

b) **atividades de investimento:** os fluxos de entradas e saídas de dinheiro classificados nessa categoria você obtém lendo o item 2 da DFC; e
c) **atividades de financiamento:** os fluxos de entradas e saídas de dinheiro classificados nessa categoria você obtém lendo o item 3 da DFC.

Você pode visualizar todas as informações comentadas nesta seção consultando o modelo de DFC apresentado na Seção 7.8.1.2 deste capítulo.

Se você julgar que os esclarecimentos apresentados até aqui nesta seção foram suficientes e atendem às suas necessidades, poderá desprezar as demais seções e passar para o próximo capítulo. Contudo, se julgar que para seus interesses será preciso conhecer um pouco mais da Demonstração dos Fluxos de Caixa, então, sugerimos que estude as seções a seguir.

7.2 Conceito

A Demonstração dos Fluxos de Caixa (DFC), conforme já comentamos, é um relatório contábil que tem como fim evidenciar as transações ocorridas em determinado período e que provocaram modificações no saldo de Caixa e Equivalentes de Caixa.

Trata-se de uma demonstração sintetizada dos fatos administrativos que envolvem os fluxos de dinheiro ocorridos durante determinado período, devidamente registrados a débito (entradas) e a crédito (saídas) da conta Caixa, da conta Bancos conta Movimento e das contas representativas dos Equivalentes de Caixa.

7.3 Conceito de Caixa e Equivalentes de Caixa

Como vimos anteriormente, **Caixa** compreende o numerário (dinheiro) que está em poder da empresa mais os numerários de propriedade da empresa e que se encontram nos estabelecimentos bancários, depositados em contas-correntes em nome da empresa.

Equivalentes de caixa compreende o numerário de propriedade da empresa que está depositado nos estabelecimentos bancários em contas específicas de aplicações financeiras de curtíssimo prazo, as quais rendem ganhos para a empresa (juros, correção monetária etc.). Essas aplicações caracterizam-se por ser de curto prazo e apresentar alta liquidez, isto é, são prontamente conversíveis em montante conhecido de caixa e estão sujeitas a um insignificante risco de mudança de valor. Essas aplicações são efetuadas com vencimento de no máximo três meses, a contar da data em que a empresa efetuou a aplicação).

Fluxos de Caixa são as entradas e saídas de dinheiro nas três contas citadas: Caixa, Bancos conta Movimento e Aplicações Financeiras de Liquidez Imediata (Equivalentes de Caixa).

Portanto, para fins da DFC, o conceito de Caixa engloba todas as disponibilidades da empresa existentes nas contas: Caixa, Bancos conta Movimento e representativas de aplicações financeiras de liquidez Imediata, conforme já comentamos.

Essas três contas integram o grupo das Disponibilidades no Ativo Circulante do Balanço Patrimonial.

A DFC, quando elaborada, requer que as aplicações financeiras consideradas pela empresa, como Equivalentes de Caixa, sejam relacionadas em Notas Explicativas.

7.4 Estrutura da DFC

A DFC apresenta o saldo inicial, o saldo final e as variações ocorridas no caixa e nos equivalentes de caixa em determinado período, segregadas em três fluxos:

a) das operações;
b) dos financiamentos;
c) dos investimentos.

7.5 Classificação das entradas e saídas de Caixa por atividades

Segundo as normas contábeis, o ideal é que as transações relativas às entradas e saídas de Caixa sejam selecionadas em três grupos de atividades, conforme já comentamos:

a) **atividades operacionais:** são as principais atividades geradoras de receita da entidade. Podem ser exemplificadas pelo recebimento de uma venda, pelo pagamento de fornecedores por compra de materiais, pelo pagamento dos funcionários etc.
   Devem ser classificadas também como operacionais todas as demais atividades que não se enquadrem como de investimento ou de financiamento.

b) **atividades de investimento:** são as referentes à aquisição e à venda de Ativos de longo prazo e de outros investimentos não incluídos nos Equivalentes de Caixa.
   São exemplos as aquisições ou vendas de participações em outras empresas e de Ativos utilizados na produção de bens ou na prestação de serviços ligados ao objeto social da empresa.
   É importante citar que as atividades de investimento não compreendem a aquisição de Ativos com o objetivo de revenda, pois essas aquisições devem ser classificadas no Ativo Circulante e integram o fluxo de caixa das atividades operacionais.

c) **atividades de financiamento:** são aquelas que resultam em mudanças no tamanho e na composição do capital próprio e no capital de terceiros da entidade.
   Compreendem a captação de recursos dos acionistas ou cotistas e seu retorno em forma de lucros ou dividendos, a captação de empréstimos ou outros recursos, sua amortização e remuneração.

É importante salientar que cuidados especiais devem ser tomados no momento da classificação das transações em seus respectivos grupos de atividades. Ocorre que determinados recebimentos ou pagamentos de caixa podem ter características que se enquadrem tanto no fluxo de caixa das atividades operacionais como nas atividades de financiamento ou de investimento. Assim, os desembolsos efetuados para pagamento a fornecedores decorrentes de financiamentos para aquisição de bens destinados à produção ou à venda devem ser classificados como atividades operacionais; os desembolsos efetuados para pagamentos a fornecedores decorrentes de financiamentos obtidos para aquisição de bens do Ativo Não Circulante devem ser classificados como atividades de investimento; e os desembolsos efetuados para pagamento a credores referentes a empréstimos efetuados para aplicação na expansão do empreendimento devem ser classificados como atividades de financiamento.

Para as normas internacionais de contabilidade IFRS, derivadas do IASB, os juros pagos, que serão capitalizados juntamente ao valor de um Ativo, devem ser classificados juntamente com o Ativo ao qual estes pagamentos foram efetuados. Assim, quando os juros pagos forem capitalizados como parte do custo do imobilizado ou do intangível, deverá integrar o grupo das atividades de investimento; quando capitalizados como parte do custo dos estoques, deverá ser classificado entre as atividades operacionais.

7.6 Transações que devem integrar a DFC

7.6.1 Atividades operacionais

A norma brasileira de contabilidade NBC TG 03, convergente com as normas internacionais de contabilidade IFRS, em seu item 14, apresenta os seguintes exemplos de Fluxos de Caixa que decorrem das atividades operacionais:

a) recebimentos de caixa pela venda de mercadorias e pela prestação de serviços;
b) recebimentos de caixa decorrentes de *royalties*, honorários, comissões e outras receitas;
c) pagamentos de caixa a fornecedores de mercadorias e serviços;
d) pagamentos de caixa a empregados ou por conta de empregados;
e) recebimentos e pagamentos de caixa por seguradora de prêmios e sinistros, anuidades e outros benefícios da apólice;
f) pagamentos ou restituição de caixa de impostos sobre a renda, a menos que possam ser especificamente identificados com as atividades de financiamento ou de investimento;
g) recebimentos e pagamentos de caixa de contratos mantidos para negociação imediata ou disponíveis para venda futura.

Algumas transações, como a venda de item do imobilizado, podem resultar em ganho ou perda, que é incluído na apuração do lucro líquido ou prejuízo. Os fluxos de caixa relativos a tais transações são provenientes de atividades de investimento. Entretanto, pagamentos em caixa para a produção ou a aquisição de ativos mantidos para aluguel a terceiros que, em sequência, são vendidos, são fluxos de caixa advindos das atividades operacionais.

Os recebimentos de aluguéis e das vendas subsequentes de tais ativos são também fluxos de caixa das atividades operacionais.

7.6.2 Atividades de investimento

A já mencionada norma brasileira de contabilidade NBC TG 03, em seu item 16, apresenta os seguintes exemplos de Fluxos de Caixa advindos das atividades de investimento:

a) pagamentos em caixa para aquisição de ativo imobilizado, intangíveis e outros ativos de longo prazo. Esses pagamentos incluem aqueles relacionados aos custos de desenvolvimento ativados e aos ativos imobilizados de construção própria;
b) recebimentos de caixa resultantes da venda de ativo imobilizado, intangíveis e outros ativos de longo prazo;

c) pagamentos em caixa para aquisição de instrumentos patrimoniais ou instrumentos de dívida de outras entidades e participações societárias em *joint ventures*[1] (exceto aqueles pagamentos referentes a títulos considerados como equivalentes de caixa ou aqueles mantidos para negociação imediata ou futura, que deverão figurar entre as atividades operacionais);
d) recebimentos de caixa provenientes da venda de instrumentos patrimoniais ou instrumentos de dívida de outras entidades e participações societárias em *joint ventures* (exceto aqueles recebimentos referentes aos títulos considerados como equivalentes de caixa e aqueles mantidos para negociação imediata ou futura);
e) adiantamentos em caixa e empréstimos feitos a terceiros (exceto aqueles adiantamentos e empréstimos feitos por instituição financeira);
f) recebimentos de caixa pela liquidação de adiantamentos ou amortização de empréstimos concedidos a terceiros (exceto aqueles adiantamentos e empréstimos de instituição financeira);
g) pagamentos em caixa por contratos futuros, a termo, de opção e *swap*, exceto quando tais contratos forem mantidos para negociação imediata ou futura ou os pagamentos forem classificados como atividades de financiamento; e
h) recebimentos de caixa por contratos futuros, a termo, de opção e *swap*, exceto quando tais contratos forem mantidos para negociação imediata ou venda futura ou os recebimentos forem classificados como atividades de financiamento.

Quando um contrato for contabilizado como proteção (*hedge*) de posição identificável, os fluxos de caixa do contrato devem ser classificados do mesmo modo como foram classificados os fluxos de caixa da posição que estiver sendo protegida.

7.6.3 Atividades de financiamento

A NBC TG 03, em seu item 17, apresenta os seguintes exemplos de Fluxos de Caixa advindos das atividades de financiamento:

a) caixa recebido pela emissão de ações ou outros instrumentos patrimoniais;
b) pagamentos em caixa a investidores para adquirir ou resgatar ações da entidade;
c) caixa recebido pela emissão de debêntures, empréstimos, notas promissórias, outros títulos de dívida, hipotecas e outros empréstimos de curto e longo prazos;
d) amortização de empréstimos e financiamentos;
e) pagamentos em caixa pelo arrendatário para redução do passivo relativo a arrendamento mercantil financeiro.

---

[1] *Joint venture*, ou empreendimento controlado em conjunto, é o acordo contratual em que duas ou mais partes se comprometem à realização de atividade econômica que está sujeita ao controle conjunto.
Controle conjunto é o compartilhamento do controle, contratualmente estabelecido, sobre uma atividade econômica e que existe somente quando as decisões estratégicas, financeiras e operacionais relativas à atividade exigirem o consentimento unânime das partes que compartilham o controle (item 3 da NBC TG 19, convergente com as normas internacionais de contabilidade IFRS).

7.7 Transações que não devem integrar a DFC

Sendo o objetivo da DFC apresentar as transações que correspondem a entradas e saídas de recursos financeiros na empresa, obviamente, aquelas transações que não movimentam dinheiro não devem integrá-la.

Segundo a NBC TG 03, em seu item 44, muitas atividades de investimento e de financiamento não têm impacto direto sobre os Fluxos de Caixa correntes, muito embora afetem a estrutura de capital e de Ativos da entidade.

A exclusão de transações que não envolvem Caixa ou Equivalentes de Caixa da Demonstração dos Fluxos de Caixa é consistente com o objetivo da referida demonstração, visto que tais itens não envolvem Fluxos de Caixa no período corrente.

Exemplos de transações que não envolvem Caixa ou Equivalentes de Caixa são:

a) a aquisição de Ativos, seja pela assunção direta do respectivo Passivo, seja por meio de arrendamento financeiro;
b) a aquisição de entidade por meio de emissão de instrumentos patrimoniais;
c) a conversão de dívida em instrumentos patrimoniais.

Veja outros exemplos:

- Aumentos de capital com o aproveitamento de reservas.
- Aumentos de capital com conversão de obrigações de curto ou de longo prazo.
- Aumentos de capital com integralização em bens do Ativo Imobilizado.
- Recebimento de doações, exceto em dinheiro.
- Transferências de valores do Exigível a Longo prazo para o Passivo Circulante e do Realizável a Longo Prazo para o Ativo Circulante.
- Distribuição de dividendos, enquanto não forem pagos. Essa transação reduz o Patrimônio Líquido e aumenta o Passivo Circulante, porém, não movimenta o Caixa.
- Convém ressaltar que, no momento do pagamento dos dividendos, por ocorrer saída de numerário do disponível, o Caixa ficará afetado e, consequentemente, o fato será informado na DFC.
- Compensações de valores Passivos com valores Ativos, desde que não envolvam dinheiro etc.

7.8 Métodos de Estruturação da DFC

Existem dois métodos que podem ser utilizados para a estruturação da DFC: Indireto e Direto. Ambos diferem somente em relação à forma de apresentação dos Fluxos de Caixa derivados das atividades operacionais, uma vez que as formas de apresentação dos Fluxos de Caixa das atividades de investimento e de financiamento são as mesmas nos dois métodos.

7.8.1 Método Indireto

7.8.1.1 *Introdução*

Por esse método, também denominado Método da Reconciliação, os recursos derivados das atividades operacionais são demonstrados a partir do Resultado do Exercício antes da tributação (lucros ou prejuízos) e ajustado pela adição das despesas e exclusão das receitas consideradas na apuração do Resultado e que não afetaram o Caixa da empresa, isto é, que não representaram saídas ou entradas de dinheiro, bem como pela exclusão das receitas realizadas no exercício e recebidas no exercício anterior; pela adição das receitas recebidas antecipadamente que não foram consideradas na apuração do resultado, pela exclusão das despesas incorridas no período, porém, pagas no exercício anterior, e pela inclusão das despesas do exercício seguinte pagas antecipadamente que representam saídas de Caixa e não integram o resultado do período.

Excluem-se também do Resultado os Resultados obtidos nas transações de bens classificados nos subgrupos de Investimentos, Imobilizado e Intangível, todos do Ativo Não Circulante, uma vez que as baixas referentes a esses bens devem ser indicadas pelos valores brutos entre as atividades de investimento.

Finalmente, devem-se incluir entre os ajustes as variações positivas ou negativas ocorridas no período nos estoques e nas contas operacionais a receber e a pagar, uma vez que essas variações, por não representarem despesas nem receitas, não foram incluídas na apuração do Resultado do Exercício e, também, dada a natureza, não integrarão os Fluxos de Caixa das atividades de investimento e de financiamento.

Veja o que estabelece o item 20 da NBC TG 03:

> De acordo com o método indireto, o fluxo de caixa líquido advindo das atividades operacionais é determinado ajustando o lucro líquido ou prejuízo quanto aos efeitos de:
>
> a) variações ocorridas no período nos estoques e nas contas operacionais a receber e a pagar;
>
> b) itens que não afetam o caixa, tais como depreciação, provisões, tributos diferidos, ganhos e perdas cambiais não realizados e resultado de equivalência patrimonial quando aplicável; e
>
> c) todos os outros itens tratados como fluxos de caixa advindos das atividades de investimento e de financiamento.

7.8.1.2 *Modelo*

ENTIDADE: DEMONSTRAÇÃO DOS FLUXOS DE CAIXA PELO MÉTODO INDIRETO EXERCÍCIO FINDO EM:		
DESCRIÇÃO	**EXERCÍCIO ATUAL R$**	**EXERCÍCIO ANTERIOR R$**
1. FLUXOS DE CAIXA DAS ATIVIDADES OPERACIONAIS		
Resultado do Exercício antes do IR e da CSLL		
Ajustes por:		
(+) Depreciação, amortização etc.		
(±) Resultado na venda de Ativos Não Circulantes		
(±) Equivalência patrimonial		
Variações nos Ativos e Passivos		

DESCRIÇÃO	EXERCÍCIO ATUAL R$	EXERCÍCIO ANTERIOR R$
(Aumento) Redução em Clientes		
(Aumento) Redução em contas a receber		
(Aumento) Redução dos estoques		
Aumento (Redução) em Fornecedores		
Aumento (Redução) em Contas a Pagar		
Aumento (Redução) no IR e na CSL		
(=) Disponibilidades líquidas geradas pelas (aplicadas nas) atividades operacionais		
2. FLUXOS DE CAIXA DAS ATIVIDADES DE INVESTIMENTO		
(–) Compras de Investimentos		
(–) Compras do Imobilizado		
(–) Compras do Intangível		
(+) Recebimentos por vendas de Investimentos		
(+) Recebimentos por vendas do Imobilizado		
(+) Recebimento por vendas do Intangível		
(+) Recebimento de dividendos		
(=) Disponibilidades líquidas geradas pelas (aplicadas nas) atividades de investimento		
3. FLUXOS DE CAIXA DAS ATIVIDADES DE FINANCIAMENTO		
(+) Integralização de capital		
(+) Empréstimos tomados		
(–) Pagamento de Dividendos		
(–) Pagamento de Empréstimos		
(=) Disponibilidades líquidas geradas pelas (aplicadas nas) atividades de financiamento		
4. AUMENTO (REDUÇÃO) NAS DISPONIBILIDADES (1 ± 2 ± 3)		
5. DISPONIBILIDADES NO INÍCIO DO PERÍODO		
6. DISPONIBILIDADES NO FIM DO PERÍODO (4 ± 5)		

7.8.2 Método Direto

7.8.2.1 *Introdução*

A DFC pelo Método Direto é semelhante à DFC pelo Método Indireto. O que diferencia esses dois métodos, como vimos, é a forma de apresentação das atividades operacionais. No Método Indireto, os recursos derivados das atividades operacionais são indicados a partir do Resultado do Exercício ajustado antes da tributação.

No Método Direto, os recursos derivados das operações são indicados a partir dos recebimentos e pagamentos decorrentes das operações normais efetuadas durante o período.

Segundo a NBC TG 03, alínea "a" do item 18, pelo Método Direto, as atividades operacionais são apresentadas por meio das principais classes de recebimentos brutos e pagamentos brutos.

7.8.2.2 *Modelo*

ENTIDADE: DEMONSTRAÇÃO DOS FLUXOS DE CAIXA PELO MÉTODO DIRETO EXERCÍCIO FINDO EM:		
DESCRIÇÃO	EXERCÍCIO ATUAL R$	EXERCÍCIO ANTERIOR R$
1. FLUXOS DE CAIXA DAS ATIVIDADES OPERACIONAIS		
• Valores recebidos de clientes		
• Valores pagos a fornecedores e empregados		
• Imposto de Renda e Contribuição Social pagos		
• Pagamentos de contingências		
• Recebimentos por reembolso de seguros		
• Recebimentos de lucros e dividendos de subsidiárias		
• Outros recebimentos (pagamentos) líquidos		
(=) Disponibilidades líquidas geradas pelas (aplicadas nas) atividades operacionais		
2. FLUXOS DE CAIXA DAS ATIVIDADES DE INVESTIMENTO		
(–) Compras de Investimentos		
(–) Compras do Imobilizado		
(–) Compras do Intangível		
(+) Recebimentos por vendas de Investimentos		
(+) Recebimentos por vendas do Imobilizado		
(+) Recebimento por vendas do Intangível		
(+) Recebimento de dividendos		
(=) Disponibilidades líquidas geradas pelas (aplicadas nas) atividades de investimento		
3. FLUXOS DE CAIXA DAS ATIVIDADES DE FINANCIAMENTO		
(+) Integralização de capital		
(+) Empréstimos tomados		
(–) Pagamento de Dividendos		
(–) Pagamento de Empréstimos		
(=) Disponibilidades líquidas geradas pelas (aplicadas nas) atividades de financiamento		
4. AUMENTO (REDUÇÃO) NAS DISPONIBILIDADES (1 ± 2 ± 3)		
5. DISPONIBILIDADES NO INÍCIO DO PERÍODO		
6. DISPONIBILIDADES NO FIM DO PERÍODO (4 ± 5)		

7.8.2.3 *Divulgações adicionais*

Quando a empresa optar pela elaboração da DFC pelo Método Direto, deverá divulgar, adicionalmente, uma conciliação entre o Lucro Líquido e o Fluxo de Caixa líquido das atividades operacionais. A conciliação deve apresentar, separadamente, por categoria, os principais itens a serem conciliados, à semelhança do que deve fazer a entidade que utiliza o Método Indireto com relação aos ajustes do Lucro Líquido ou prejuízo para apurar o fluxo de Caixa líquido das atividades operacionais.

7.9 Como elaborar a DFC

Para a elaboração da DFC, seja pelo Método Direto ou pelo Indireto, os dados são coletados dos Balanços do exercício (atual e anterior) e da DRP (ou DRE) do exercício atual, além de consultas em fichas de Razão de algumas contas.

EXEMPLO PRÁTICO

Vamos apresentar, a seguir, oito operações realizadas em uma empresa comercial durante dois períodos e os reflexos dessas operações na DFC. Veja como é fácil:

Período X1

- Fato 1: em 10 de novembro, Ronaldo constituiu uma empresa para explorar o ramo de comércio de calçados, com capital de $ 30.000 integralizado em dinheiro.
- Fato 2: em 25 de novembro, tomou emprestado do banco Urupês S/A a importância de $ 20.000.
- Fato 3: em 30 de novembro, comprou móveis para uso, no valor de $ 10.000, tendo pagado em dinheiro.

Veja como ficará a DFC pelo método indireto, da empresa de Ronaldo, considerando somente esses três fatos:

DEMONSTRAÇÃO DOS FLUXOS DE CAIXA (Método Indireto) Período X1	
1. FLUXOS DE CAIXA DAS ATIVIDADES OPERACIONAIS	ZERO
2. FLUXOS DE CAIXA DAS ATIVIDADES DE INVESTIMENTO	
(–) Compras do Imobilizado	(10.000)
(=) Disponibilidades líquidas aplicadas nas atividades de investimento	(10.000)
3. FLUXOS DE CAIXA DAS ATIVIDADES DE FINANCIAMENTO	
(+) Integralização de capital	30.000
(+) Empréstimos tomados	20.000
(=) Disponibilidades líquidas geradas pelas atividades de financiamento	50.000
4. AUMENTO (REDUÇÃO) NAS DISPONIBILIDADES (2 – 3)	40.000
5. DISPONIBILIDADES NO INÍCIO DO PERÍODO	ZERO
6. DISPONIBILIDADES NO FINAL DO PERÍODO (4 + 5)	40.000

EXEMPLO PRÁTICO

Período X2

- Fato 4: em 1 de dezembro, comprou, à vista, um lote de mercadorias no valor de $ 30.000.
- Fato 5: em 10 de dezembro, pagou despesas de aluguel, em dinheiro, no valor de $ 2.000.
- Fato 6: em 12 de dezembro, vendeu todo o lote de mercadorias, à vista, por $ 39.000.
- Fato 7: em 15 de dezembro, pagou uma parcela do financiamento no valor de $ 2.000, com juros de $ 50.
- Fato 8: em 20 de dezembro, vendeu parte dos Móveis e Utensílios por $ 5.000, cujo custo de aquisição foi igual a $ 4.000.

Veja, agora, como ficará a DFC da empresa de Ronaldo, no fim de X2.

Antes, porém, é preciso elaborar a Demonstração do Resultado do Exercício do período. Veja:

DEMONSTRAÇÃO DO RESULTADO DO EXERCÍCIO Período X2	
Receita Bruta de Vendas de Mercadorias	39.000
(–) Custo das mercadorias vendidas	(30.000)
(=) Lucro Bruto	9.000
(–) Despesas de aluguel	(2.000)
(–) Despesas de Juros	(50)
(=) Lucro Operacional	6.950
(+) Outras receitas1.000	
(=) Resultado antes dos Tributos sobre o Lucro	6.950

Examine a DFC a seguir, elaborada pelo método indireto, e você compreenderá os reflexos provocados pelos fatos de X2.

DEMONSTRAÇÃO DOS FLUXOS DE CAIXA (Método Indireto) Período X2	
1. FLUXOS DE CAIXA DAS ATIVIDADES OPERACIONAIS	
Resultado do Exercício do Período	7.950
Ajustes para conciliar o resultado às disponibilidades geradas pelas atividades operacionais	
(–) Resultado na venda de Ativos Não Circulantes	(1.000)
(=) Disponibilidades líquidas geradas pelas ativ. operac.	6.950
2. FLUXOS DE CAIXA DAS ATIVIDADES DE INVESTIMENTO	
(+) Recebimentos por vendas do Imobilizado	5.000
(=) Disponibilidades líquidas geradas pelas atividades de investimento	5.000
3. FLUXOS DE CAIXA DAS ATIVIDADES DE FINANCIAMENTO	
(–) Pagamento de Empréstimos	(2.000)
(=) Disponibilidades líquidas aplicadas nas atividades de financiamento	(2.000)
4. AUMENTO NAS DISPONIBILIDADES (1 + 2 – 3)	9.950
5. DISPONIBILIDADES NO INÍCIO DO PERÍODO	40.000
6. DISPONIBILIDADES NO FINAL DO PERÍODO (4 + 5)	49.950

Atividades Teóricas

1. **Responda:**
    1.1 O que é a Demonstração dos Fluxos de Caixa?
    1.2 Para que serve a DFC?
    1.3 Quais informações você pode extrair da DFC?
    1.4 Para fins da DFC, o que significa Caixa?
    1.5 O que são equivalentes de Caixa?
    1.6 O que são fluxos de Caixa?
    1.7 Para fins da DFC, o ideal é que as transações relativas às entradas e saídas de Caixa sejam selecionadas em três grupos de atividades. Quais são eles?
    1.8 Cite dois exemplos de eventos que devem ser classificados entre as atividades operacionais.
    1.9 Cite dois eventos que integram os fluxos de caixa das atividades de investimento.
    1.10 Quais transações não devem integrar a DFC?
    1.11 Cite três transações que não integram a DFC.
    1.12 Qual é a diferença entre os métodos direto e indireto utilizados para estruturação da DFC?
    1.13 De onde são extraídos os dados para serem informados na DFC direta ou indireta?

2. **Classifique as afirmativas em falsas (F) ou verdadeiras (V):**
    2.1 ( ) A DFC evidencia os fluxos de entradas e saídas de dinheiro da empresa.
    2.2 ( ) Equivalentes de caixa são aplicações de liquidez imediata, isto é, aplicações com prazo inferior a 90 dias, consideradas de altíssima liquidez.
    2.3 ( ) Para fins da DFC, atividades operacionais são aquelas que resultam em mudanças no tamanho e na composição do capital próprio e no capital de terceiros da entidade.
    2.4 ( ) Para fins da DFC, atividades de investimento são as principais atividades geradoras de receita da entidade.
    2.5 ( ) Para fins da DFC, atividades de financiamento são aquelas referentes à aquisição e à venda de Ativos de longo prazo e de outros investimentos não incluídos nos Equivalentes de Caixa.
    2.6 ( ) Para as normas internacionais de contabilidade IFRS, derivadas do IASB, quando os juros pagos forem capitalizados como parte do custo do imobilizado ou do intangível, deverão integrar o grupo das atividades de investimento; quando capitalizados como parte do custo dos estoques, deverão ser classificados entre as atividades operacionais.
    2.7 ( ) As saídas de dinheiro da empresa para pagamentos de salários dos empregados classifica-se entre as atividades de financiamento.
    2.8 ( ) Os recebimentos de Caixa decorrentes da venda com lucro de bens de uso classificam-se entre as atividades operacionais.
    2.9 ( ) Os ingressos de dinheiro decorrentes da integralização de capital por parte dos sócios classificam-se entre as atividades de investimento.
    2.10 ( ) A amortização de empréstimos e financiamentos integram os fluxos de caixa das atividades de financiamento.
    2.11 ( ) Existem dois métodos que podem ser utilizados para a estruturação da DFC: direto e indireto.

2.12 ( ) As informações apresentadas como fluxos de caixa das atividades de investimento e de financiamento são iguais na DFC elaborada pelo método direto e na DFC elaborada pelo método indireto.

2.13 ( ) No Método Indireto, os recursos derivados das atividades operacionais são indicados a partir do Resultado do Exercício ajustado antes da tributação.

2.14 ( ) No Método Direto, os recursos derivados das operações são indicados a partir dos recebimentos e pagamentos decorrentes das operações normais efetuados durante o período.

3. **Escolha a alternativa correta:**

    3.1 Para fins da DFC, a palavra "Caixa" significa:
    a) Todo dinheiro que está em poder da empresa.
    b) Todo dinheiro que está depositado na conta Bancos conta Movimento em nome da empresa.
    c) Todo dinheiro investido em aplicações de liquidez imediata.
    d) As alternativas "a" a "c" estão corretas.
    e) As alternativas "a" a "c" estão incorretas.

    3.2 Os fluxos de caixa decorrentes da venda de bens do Ativo Imobilizado devem ser classificados entre as atividades:
    a) operacionais.
    b) de investimento.
    c) de financiamento.
    d) Todas as alternativas anteriores estão corretas.
    e) Nenhuma das alternativas anteriores.

    3.3 São fluxos de caixa decorrentes das atividades operacionais:
    a) venda de mercadorias à vista.
    b) aquisição em dinheiro de bens de uso.
    c) vendas, à vista, de ações da própria entidade.
    d) pagamento em dinheiro a fornecedores de mercadorias.
    e) As alternativas "b" e "c" estão incorretas.

    3.4 São fluxos de caixa decorrentes das atividades de financiamentos:
    a) venda de mercadorias à vista.
    b) aquisição em dinheiro de bens de uso.
    c) vendas, à vista, de ações da própria entidade.
    d) pagamento em dinheiro a fornecedores de mercadorias.
    e) Nenhuma das alternativas anteriores.

    3.5 São fluxos de caixa decorrentes das atividades de investimento:
    a) venda de mercadorias à vista.
    b) aquisição em dinheiro de bens de uso.
    c) vendas, à vista, de ações da própria entidade.
    d) pagamento em dinheiro a fornecedores de mercadorias.
    e) Nenhuma das alternativas anteriores.

3.6 Com relação ao fluxo de caixa derivado da venda de bens de uso, para fins de elaboração da DFC pelo método indireto, é correto afirmar:
   a) que o lucro auferido deve ser excluído do resultado do exercício.
   b) que o valor bruto da venda é informado entre os fluxos de Caixa derivados das atividades de investimento.
   c) que o valor bruto da venda é informado entre os fluxos de Caixa derivados das atividades de financiamento.
   d) As alternativas "a" e "b" estão corretas.
   e) Somente a alternativa "c" está correta.

CAPÍTULO 8

DEMONSTRAÇÃO DO VALOR ADICIONADO

8.1 Entendendo a Demonstração do Valor Adicionado

O que é a Demonstração do Valor Adicionado, para que serve e quais informações é possível extrair dela?

Respostas:

a) A **Demonstração do Valor Adicionado (DVA)** é uma demonstração contábil (ou relatório contábil) elaborada com dados extraídos da escrituração contábil da entidade com a finalidade de evidenciar quanto de riqueza uma empresa produziu, isto é, quanto ela adicionou de valor a seus fatores de produção e quanto e de que modo ela distribuiu essa riqueza

b) Ela mostra quanto de riqueza uma empresa produziu, isto é, quanto a empresa adicionou de valor a seus fatores de produção, e quanto e de que forma essa riqueza foi distribuída (entre empregados, governo, acionistas, financiadores de capital), bem como a parcela da riqueza não distribuída.

c) Olhando para a Demonstração do Valor Adicionado, você pode extrair várias informações que revelarão o montante da riqueza gerada pela empresa, tanto a parte referente à recuperação das riquezas já geradas em outras etapas por outras entidades que fazem parte da mesma cadeia produtiva como a parte da riqueza que a entidade agregou, e também o destino que a entidade deu à parte da riqueza que gerou.

As informações apresentadas na DVA estão divididas em duas partes: na primeira parte, itens 1 a 7, é apresentada a riqueza criada pela entidade, e na segunda (item 8), o modo como essa riqueza foi distribuída.

A demonstração é elucidativa. Veja o modelo apresentado na Seção 8.6 deste capítulo.

Se você julgar que os esclarecimentos apresentados até aqui nesta seção foram suficientes e atendem às suas necessidades, poderá desprezar as demais seções. Contudo, se julgar que para seus interesses será preciso conhecer um pouco mais da Demonstração do Valor Adicionado, então, sugerimos que estude as seções a seguir.

8.2 Conceito

A Demonstração do Valor Adicionado (DVA), conforme já dissemos, é um relatório contábil que evidencia quanto de riqueza uma empresa produziu, isto é, quanto ela adicionou de valor a seus fatores de produção e quanto e de que maneira essa riqueza foi distribuída (entre empregados, governo, acionistas, financiadores de capital), bem como a parcela da riqueza não distribuída.

Desse modo, a DVA tem como finalidade demonstrar a origem da riqueza gerada pela empresa e como essa riqueza foi distribuída entre os diversos setores que contribuíram, direta ou indiretamente, para sua geração.

O valor adicionado que é demonstrado na DVA representa a riqueza criada pela empresa, geralmente medida pela diferença entre o valor das vendas e os insumos adquiridos de terceiros. Inclui também o valor adicionado recebido em transferência, ou seja, produzido por terceiros e transferido à entidade (item 9 da norma brasileira de contabilidade NBC TG 09, convergente com as normas internacionais de contabilidade IFRS derivadas do IASB.).

Para exemplificar, consideremos que determinada unidade de mercadoria, adquirida do fornecedor por $ 20, tenha sido vendida pela empresa comercial por $ 30.

Nesse caso, o valor adicionado pela empresa comercial corresponde a $ 10 ($ 30 − $ 20).

Note bem: embora a receita bruta de vendas dessa empresa comercial tenha sido de $ 30, ela agregou à economia do país apenas $ 10, uma vez que os outros $ 20 representam riquezas já geradas por empresas integrantes da cadeia produtiva, porém, em outras etapas (agricultura, indústria, comércio atacadista e serviços).

O valor adicionado de $ 10, portanto, corresponde à remuneração dos esforços que a empresa despendeu no desenvolvimento de suas atividades.

Entre esses esforços, incluem-se os empregados (fonte de mão de obra), os investidores (fonte de Capital Próprio), os financiadores (fonte de Capitais de Terceiros) e o governo, que será remunerado por meio dos tributos como contrapartida dos benefícios sociais que oferece a toda a sociedade, inclusive às empresas.

Assim, o valor adicionado gerado em cada empresa em determinado período representa quanto essa empresa contribuiu para a formação do Produto Interno Bruto (PIB) do país no referido período.

O PIB é um indicador próprio para mensurar a atividade econômica de uma região.

Consiste na soma (em valores monetários) de todos os bens e serviços finais produzidos em uma região (país, estado etc.) durante determinado período (ano, mês etc.).

Para os investidores e outros usuários, essa demonstração proporciona o conhecimento de informações de natureza econômica e social e oferece a possibilidade de melhor avaliação das atividades da entidade dentro da sociedade na qual está inserida.

A decisão de recebimento por uma comunidade (município, estado e a própria Federação) de investimento pode ter nessa demonstração um instrumento de extrema utilidade e com informações que, por exemplo, a demonstração de resultado por si só não é capaz de oferecer (Item 12 da norma brasileira de contabilidade NBC TG 09, convergente com as normas internacionais de contabilidade IFRS derivadas do IASB).

8.3 Riqueza de informações

A DVA é uma demonstração financeira (contábil) com informações de natureza social, diferente, portanto, da natureza das demais demonstrações contábeis elaboradas pelas entidades em geral.

Não resta dúvida de que a DVA representa um grande avanço para a própria ciência contábil, especialmente porque os indicadores e as informações de natureza social que ela oferece atingem um universo maior de usuários ao evidenciar a riqueza gerada pela empresa e o modo como essa riqueza foi distribuída entre os empregados (salários e benefícios), acionistas (remuneração do capital investido em forma de juros e dividendos), financiadores (pagamentos de juros e do custo dos insumos adquiridos de fornecedores) e a sociedade (por meio do recolhimento dos tributos ao governo).

Um modo bem simples de aquilatar a riqueza de informações que se pode extrair da DVA consiste em comparar o percentual de cada item que a compõe em relação ao valor adicionado nela explicitado.

Assim, pode-se conhecer quanto a empresa gerou de riqueza e como essa riqueza foi distribuída em benefício da coletividade, bem como qual foi a parcela de contribuição de cada setor da coletividade na formação dessa mesma riqueza.

8.4 Elaboração da DVA

As informações contidas na DVA derivam das Contas de Resultado e de algumas Contas Patrimoniais.

As Contas de Resultado que serão consultadas para a elaboração da DVA são todas aquelas que representam as despesas, os custos e as receitas, observado o regime de competência.

As Contas Patrimoniais das quais serão extraídas informações para a elaboração da DVA são aquelas representativas das participações de terceiros (tributos sobre o lucro líquido, debenturistas, empregados, administradores etc.), bem como aquelas representativas da remuneração dos acionistas pelo capital investido (juros e dividendos).

Portanto, para elaborar a DVA, o contabilista deve coletar dados diretamente do Livro Razão. Caso este seja processado manualmente ou por meio do computador e não estejam previstas contas sintéticas que agrupem valores conforme deverão figurar na DVA, torna-se imprescindível fazer esses agrupamentos para facilitar a elaboração desse demonstrativo.

- Uma boa dica para a elaboração da DVA é que as informações nela apresentadas podem ser extraídas dos lançamentos de Diário relativos à contabilização do resultado bruto, do Resultado Líquido, das deduções, participações e destinações do resultado.

8.5 Estrutura da DVA

A DVA deve informar pelo menos: o valor da riqueza gerada pela entidade; sua distribuição entre os elementos que contribuíram para a geração dessa riqueza, tais como empregados, financiadores, acionistas, governo e outros, e a parcela da riqueza não distribuída.

Segundo o item 6 da NBC TG 09, a distribuição da riqueza criada deve ser detalhada, minimamente, da seguinte maneira:

- pessoal e encargos;
- impostos, taxas e contribuições;
- juros e aluguéis;
- juros sobre o capital próprio (JCP) e dividendos;
- lucros retidos/prejuízos do exercício.

8.6 Modelo de DVA

Veja o modelo de Demonstração do Valor Adicionado apropriado para as empresas em geral (comerciais, industriais e prestadoras de serviços), conforme a NBC TG 09.

ENTIDADE: DEMONSTRAÇÃO DO VALOR ADICIONADO EXERCÍCIO FINDO EM:		
DESCRIÇÃO	**EXERCÍCIO ATUAL R$**	**EXERCÍCIO ANTERIOR R$**
1. RECEITAS (1.1 a 1.4)		
1.1 Vendas de mercadorias, produtos e serviços		
1.2 Outras receitas		
1.3 Receitas relativas à construção de ativos próprios		
1.4 Perdas estimadas em créditos de liquidação duvidosa – Reversão/(reconhecimento)		
2. INSUMOS ADQUIRIDOS DE TERCEIROS (inclui tributos incidentes sobre compras) (2.1 a 2.4)		
2.1 Custos dos produtos, das mercadorias e dos serviços vendidos		
2.2 Materiais, energia, serviços de terceiros e outros		
2.3 Perda/Recuperação de valores ativos		
2.4 Outras (especificar)		
3. VALOR ADICIONADO BRUTO (1 – 2)		
4. DEPRECIAÇÃO, AMORTIZAÇÃO E EXAUSTÃO		
5. VALOR ADICIONADO LÍQUIDO PRODUZIDO PELA ENTIDADE (3 – 4)		
6. VALOR ADICIONADO RECEBIDO EM TRANSFERÊNCIA (6.1 a 6.3)		
6.1 Resultado de equivalência patrimonial		
6.2 Receitas financeiras		
6.3 Outras		
7. VALOR ADICIONADO TOTAL A DISTRIBUIR (5 + 6)		
8. DISTRIBUIÇÃO DO VALOR ADICIONADO[1] (8.1 a 8.6)		
8.1 Pessoal (8.1.1 a 8.1.3)		
8.1.1 Remuneração direta		
8.1.2 Benefícios		
8.1.3 FGTS		
8.2 Tributos (8.2.1 a 8.2.3)		
8.2.1 Federais		
8.2.2 Estaduais		
8.2.3 Municipais		
8.3 Remuneração de capitais de terceiros (8.3.1 a 8.3.3)		
8.3.1 Juros		
8.3.2 Aluguéis		
8.3.3 Outras		
8.4 Remuneração de capitais próprios (8.4.1 e 8.4.2)		
8.4.1 Juros sobre o capital próprio		
8.4.2 Dividendos		
8.5 Lucros retidos/Prejuízo do exercício		
8.6 Participação dos não controladores nos lucros retidos (somente para consolidação)		

---

[1] O total do item 8 deve ser exatamente igual ao item 7.

8.7 Instruções para o preenchimento da DVA[2]

As informações apresentadas na DVA estão divididas em duas partes: na primeira, itens 1 a 7, é apresentada a riqueza criada pela entidade, e na segunda (item 8), o modo como essa riqueza foi distribuída.

1. **RECEITAS**[3]
   1.1 **Vendas de mercadorias, produtos e serviços:** representa os valores reconhecidos na contabilidade a esse título pelo regime de competência e incluídos na demonstração do resultado do período. Inclui os valores dos tributos incidentes sobre essas receitas (normalmente sobre as receitas podem incidir vários tributos), ou seja, corresponde ao ingresso bruto ou faturamento bruto, mesmo quando na demonstração do resultado tais tributos estejam fora do cômputo dessas receitas.

   1.2 **Outras receitas:** representam os valores que sejam oriundos, sobretudo, de baixas por alienação de ativos não circulantes, como resultados na venda de imobilizado, de investimentos e outras transações incluídas na demonstração do resultado do exercício que não configuram reconhecimento de transferência à entidade de riqueza criada por outras entidades.

   Diferentemente dos critérios contábeis, também incluem valores que não transitam pela demonstração do resultado, como aqueles relativos à construção de ativos para uso próprio da entidade e aos juros pagos ou creditados que tenham sido incorporados aos valores dos ativos de longo prazo (normalmente, imobilizados).

   No caso de estoques de longa maturação, os juros a eles incorporados deverão ser destacados como distribuição da riqueza quando os respectivos estoques forem baixados; assim, não há que se considerar esse valor como outras receitas. Inclui, também, os tributos incidentes sobre essas receitas.

   1.3 **Receitas relativas à construção de ativos próprios**.

   1.4 **Perdas estimadas em créditos de liquidação duvidosa – reversão/(reconhecimento):** inclui os valores relativos ao reconhecimento de perdas e da reversão, quando o valor provisionado não for totalmente utilizado.

2. **INSUMOS ADQUIRIDOS DE TERCEIROS**[4]
   2.1 **Custos dos produtos, das mercadorias e dos serviços vendidos:** inclui os valores das matérias-primas adquiridas de terceiros e contidas no custo do produto vendido, das mercadorias e dos serviços vendidos adquiridos de terceiros; não inclui gastos com pessoal próprio.

   2.2 **Materiais, energia, serviços de terceiros e outros:** inclui valores relativos às despesas originadas da utilização desses bens, utilidades e serviços adquiridos de terceiros.

---

[2] O texto desta seção foi adaptado da NBC TG 09.
[3] Soma algébrica dos itens 1.1 a 1.4.
[4] Soma dos itens 2.1 a 2.4.

Nos valores dos custos dos produtos e mercadorias vendidos, materiais, serviços, energia etc. consumidos, devem ser considerados os tributos incluídos no momento das compras (pode haver a incidência de vários tributos), recuperáveis ou não. Esse procedimento é diferente das práticas utilizadas na demonstração do resultado.

2.3 **Perda e Recuperação de valores ativos:** inclui valores relativos a ajustes por avaliação a valor de mercado de estoques, imobilizados, investimentos etc. Também devem ser incluídos os valores reconhecidos no resultado do período, tanto no reconhecimento quanto na reversão de perdas estimadas por desvalorização de ativos, pela aplicação do teste de recuperabilidade (se no período o valor líquido for positivo, deve ser somado).

2.4 **Outras:** especificar.

3. **VALOR ADICIONADO BRUTO**[5]

4. **DEPRECIAÇÃO, AMORTIZAÇÃO E EXAUSTÃO**
Representam os valores reconhecidos no período e normalmente utilizados para conciliação entre o fluxo de caixa das atividades operacionais e o resultado líquido do exercício. Inclui a despesa ou o custo contabilizado no período.

5. **VALOR ADICIONADO LÍQUIDO PRODUZIDO PELA ENTIDADE**[6]

6. **VALOR ADICIONADO RECEBIDO EM TRANSFERÊNCIA**[7]
   6.1 **Resultado de equivalência patrimonial:** pode representar receita ou despesa; se despesa, deve ser considerado como redução ou valor negativo.
   6.2 **Receitas financeiras:** inclui todas as receitas financeiras, inclusive as variações cambiais ativas, independentemente de sua origem.
   6.3 **Outras receitas:** Inclui os dividendos relativos a investimentos avaliados ao custo, aluguéis, direitos de franquia etc.

7. **VALOR ADICIONADO TOTAL A DISTRIBUIR**[8]

8. **DISTRIBUIÇÃO DO VALOR ADICIONADO**[9]
   8.1 **Pessoal:** valores apropriados ao custo e ao resultado do exercício na forma de:
      8.1.1 **Remuneração direta:** representada pelos valores relativos a salários, 13º salário, honorários da administração (inclusive os pagamentos baseados em ações), férias, comissões, horas extras, participação de empregados nos resultados etc.

---

[5] Diferença entre os itens 1 e 2.
[6] Diferença entre os itens 3 e 4.
[7] Soma dos itens 6.1 a 6.3.
[8] Soma dos itens 5 e 6.
[9] Soma dos itens 8.1 a 8.5.

8.1.2 Benefícios: representados pelos valores relativos a assistência médica, alimentação, transporte, planos de aposentadoria etc.

8.1.3 FGTS: representado pelos valores depositados em conta vinculada dos empregados. Trata-se de benefício dos trabalhadores, constante da legislação trabalhista brasileira.

8.2 Tributos: valores relativos aos tributos incidentes sobre o lucro. No Brasil, incluem-se, ainda, as contribuições para a previdência social que sejam ônus do empregador, bem como os demais tributos a que a empresa estiver sujeita. Para os tributos compensáveis, tais como aqueles incidentes nas operações de compras de mercadorias, devem ser considerados apenas os valores devidos ou já recolhidos, e representam a diferença entre os tributos incidentes sobre as receitas e os respectivos valores incidentes sobre os itens considerados "insumos adquiridos de terceiros".

8.2.1 Federais: inclui os tributos devidos à União, inclusive aqueles que são repassados no todo ou em parte aos estados, municípios, autarquias etc. No Brasil, incluem-se também a contribuição sindical patronal.

8.2.2 Estaduais: inclui os tributos devidos aos Estados, inclusive aqueles que são repassados no todo ou em parte aos municípios, autarquias etc.

8.2.3 Municipais: inclui os tributos devidos aos municípios, inclusive aqueles que são repassados no todo ou em parte às autarquias, ou quaisquer outras entidades.

8.3 Remuneração de capitais de terceiros: valores pagos ou creditados aos financiadores externos de capital.

8.3.1 Juros: inclui as despesas financeiras, inclusive as variações cambiais passivas, relativas a quaisquer tipos de empréstimos e financiamentos de instituições financeiras, empresas do grupo ou outras formas de obtenção de recursos. Inclui os valores que tenham sido capitalizados no período.

8.3.2 Aluguéis: inclui os aluguéis (inclusive as despesas com arrendamento operacional) pagos ou creditados a terceiros, inclusive os acrescidos aos ativos.

8.3.3 Outras: inclui outras remunerações que configurem transferência de riqueza a terceiros, mesmo que originadas em capital intelectual, tais como *royalties*, franquia, direitos autorais etc.

8.4 Remuneração de capitais próprios: valores relativos à remuneração atribuída aos sócios e acionistas.

8.4.1 Juros sobre o capital próprio (JCP): inclui os valores pagos ou creditados aos sócios e acionistas em função do resultado do período, ressalvando-se os valores dos JCP transferidos para conta de reserva de lucros, quando permitido pela legislação do país.

8.4.2 Dividendos: devem ser incluídos apenas os valores distribuídos com base no resultado do próprio exercício, desconsiderando-se os dividendos distribuídos com base em lucros acumulados de exercícios anteriores, uma vez que já foram tratados como "lucros retidos" no exercício em que foram gerados.

8.5 Lucros retidos/Prejuízo do exercício: inclui os valores relativos ao lucro do exercício e destinados às reservas, inclusive os JCP, quando tiverem esse tratamento; nos casos de prejuízo, esse valor deve ser incluído com sinal negativo.

As quantias destinadas aos sócios e acionistas na forma de JCP, independentemente de serem registradas como passivo (JCP a pagar) ou como reserva de lucros, devem ter o mesmo tratamento dado aos dividendos no que diz respeito ao exercício a que devem ser imputados.

8.6 Participação dos não controladores nos lucros retidos: este item será informado somente nos casos de consolidação.

- Conforme vimos, a DVA evidencia a riqueza gerada e distribuída pela empresa. O montante dessa riqueza está apresentado nos itens 7 e 8. Para saber como a empresa gerou a riqueza, basta ler os itens 1 a 6. Para saber onde a empresa aplicou toda a riqueza que gerou, basta ler os itens 8.1 a 8.6.

Atividades Teóricas

1. **Responda:**
   1.1 O que é a Demonstração do Valor Adicionado?
   1.2 Para que serve a DVA?
   1.3 Quais informações você pode extrair da DVA?
   1.4 A DVA revela quanto a empresa contribuiu para a formação do Produto Interno Bruto (PIB) do país. O que é PIB?
   1.5 Cite um modo bem simples de aquilatar a riqueza de informações que se pode extrair da DVA.
   1.6 Quais são as Contas de Resultado que devem ser consultadas para a elaboração da DVA?
   1.7 Quais são as Contas Patrimoniais das quais serão extraídas informações para a elaboração da DVA?
   1.8 Na DVA, as informações são divididas em duas partes. O que deve ser informado em cada uma delas?

2. **Classifique as afirmativas em falsa (F) ou verdadeira (V):**
   2.1 ( ) A DVA tem como finalidade demonstrar a origem da riqueza gerada pela empresa e como essa riqueza foi distribuída entre os diversos setores que contribuíram, direta ou indiretamente, para sua geração.
   2.2 ( ) O valor adicionado por uma empresa corresponde à remuneração dos esforços que a empresa despendeu no desenvolvimento de suas atividades.

Capítulo 8 • Demonstração do Valor Adicionado

2.3 ( ) O valor adicionado gerado em cada empresa em determinado período representa quanto essa empresa contribuiu para a formação do Produto Interno Bruto (PIB) do país no referido período.

2.4 ( ) A DVA é uma demonstração financeira (contábil) com informações de natureza física e patrimonial.

2.5 ( ) A DVA é uma demonstração financeira (contábil) com informações de natureza social.

2.6 ( ) Uma boa dica para a elaboração da DVA é que as informações nela apresentadas podem ser extraídas diretamente da Demonstração dos Fluxos de Caixa do período.

2.7 ( ) Uma boa dica para a elaboração da DVA é que as informações nela apresentadas podem ser extraídas dos lançamentos de Diário relativos à contabilização do resultado bruto, do Resultado Líquido, das deduções, participações e destinações do resultado.

3. Escolha a alternativa correta:

3.1 Vamos assumir que uma empresa comercial tenha vendido por $ 50 uma mercadoria que custou $30. Neste caso, podemos afirmar que a riqueza gerada por essa empresa e que será evidenciada na DVA como valor adicionado pela empresa na economia da região foi igual a:
a) $ 20.
b) $ 30.
c) $ 50.
d) As alternativas "b" e "c" estão corretas.
e) Nenhuma das alternativas anteriores.

3.2 A DVA apresenta informações:
a) econômicas.
b) sociais.
c) patrimoniais.
d) As alternativas "a" e "b" estão corretas.
e) As alternativas "a" e "c" estão corretas.

3.3 A DVA evidencia a distribuição da riqueza gerada pela empresa para:
a) os empregados (salários e benefícios).
b) os acionistas (remuneração do capital investido em forma de juros e dividendos).
c) os financiadores (pagamentos de juros e do custo dos insumos adquiridos de fornecedores).
d) a sociedade (por meio do recolhimento dos tributos ao governo).
e) Todas as alternativas anteriores estão corretas.

CAPÍTULO 9

NOTAS EXPLICATIVAS

9.1 Entendendo as Notas Explicativas

O que são Notas Explicativas, para que servem e quais informações é possível extrair delas? Respostas:

a) As Notas Explicativas (NE), como o próprio nome diz, são esclarecimentos que complementam as informações contidas nas demonstrações contábeis.
b) Elas têm como finalidade auxiliar o usuário a entender melhor as informações apresentadas nas demonstrações contábeis.
c) Lendo as Notas Explicativas, você fica conhecendo detalhes que não estão explícitos nos dados informados nas demonstrações contábeis.

Segundo as normas contábeis, cada item das demonstrações contábeis deve ter referência cruzada com a respectiva informação apresentada nas Notas Explicativas.

Em outras palavras, cada item apresentado nas Notas Explicativas deve ser numerado ou codificado, e seu número ou código deve aparecer na demonstração contábil para que o leitor faça a remissão e encontre facilmente o esclarecimento que se pretende apresentar.

Veja, agora, algumas informações que você pode obter consultando as Notas Explicativas:

- os critérios adotados pela empresa para aplicação do teste de recuperabilidade na avaliação de elementos do Ativo Imobilizado;
- a metodologia adotada para cálculo e contabilização de depreciações, amortizações e exaustões;
- a composição da receita operacional bruta e suas deduções;
- o número e a espécie de ações integrantes do capital social;
- as atividades que foram descontinuadas no período findo;
- os planos de seguro, suas abrangências, prazos e riscos cobertos etc.

Enfim, essas são algumas das informações que você poderá obter nas Notas Explicativas.

Se você julgar que os esclarecimentos apresentados até aqui nesta seção foram suficientes e atendem às suas necessidades, poderá desprezar as demais seções e passar para o próximo capítulo. Contudo, se julgar que para seus interesses será preciso conhecer um pouco mais sobre as Notas Explicativas, então, sugerimos que estude as seções a seguir.

9.2 Conceito

As notas explicativas são esclarecimentos que visam complementar os dados apresentados nas demonstrações contábeis e informar os critérios utilizados pela empresa, a composição dos saldos de determinadas contas, os métodos de depreciação, os principais critérios de avaliação dos elementos patrimoniais etc. Enfim, elas facilitam a interpretação dos dados contidos nas demonstrações contábeis.

Devem figurar logo em seguida às demonstrações contábeis, quando estas forem publicadas pela empresa, pois são consideradas partes integrantes das demonstrações contábeis.

9.3 Notas Explicativas segundo as Normas Contábeis

Veja, na íntegra, os itens 112 a 116 da norma brasileira de contabilidade NBC TG 26, convergente com as normas internacionais de contabilidade IFRS derivadas do IASB:

> **Notas explicativas**
> [...]
> **Estrutura**
> 112. As notas explicativas devem:
>
>   a) apresentar informação acerca da base para a elaboração das demonstrações contábeis e das políticas contábeis específicas [...];
>
>   b) divulgar a informação requerida pelas normas, interpretações e comunicados técnicos que não tenha sido apresentada nas demonstrações contábeis; e
>
>   c) prover informação adicional que não tenha sido apresentada nas demonstrações contábeis, mas que seja relevante para sua compreensão.
>
> 113. As notas devem ser apresentadas, tanto quanto seja praticável, de forma sistemática. Cada item das demonstrações contábeis deve ter referência cruzada com a respectiva informação apresentada nas notas explicativas.
>
> 114. As notas explicativas são normalmente apresentadas pela ordem a seguir, no sentido de auxiliar os usuários a compreender as demonstrações contábeis e a compará-las com demonstrações contábeis de outras entidades:
>
>   a) declaração de conformidade com as normas, interpretações e comunicados técnicos do Conselho Federal de Contabilidade (ver item 116);
>
>   b) resumo das políticas contábeis significativas aplicadas [...];
>
>   c) informação de suporte de itens apresentados nas demonstrações contábeis pela ordem em que cada demonstração e cada rubrica sejam apresentadas; e
>
>   d) outras divulgações, incluindo:
>
>   I. passivos contingentes (ver NBC TG 25 – Provisões, Passivos Contingentes e Ativos Contingentes) e compromissos contratuais não reconhecidos; e
>
>   II. divulgações não financeiras, por exemplo, os objetivos e políticas de gestão do risco financeiro da entidade (ver NBC TG 40 – Instrumentos Financeiros: Evidenciação).
>
> 115. Em algumas circunstâncias, pode ser necessário ou desejável alterar a ordem de determinados itens nas notas explicativas. Por exemplo, a informação sobre variações no valor justo reconhecidas no resultado pode ser divulgada juntamente com a informação sobre vencimentos de instrumentos financeiros, embora a primeira se relacione com a demonstração do resultado e a última se relacione com o balanço patrimonial. Contudo, até onde praticável, deve ser mantida uma estrutura sistemática das notas.
>
> 116. As notas explicativas que proporcionam informação acerca da base para a elaboração das demonstrações contábeis e as políticas contábeis específicas podem ser apresentadas como seção separada das demonstrações contábeis.
>
> [...]

Atividades Teóricas

1. **Responda:**
   - **1.1** O que são Notas Explicativas?
   - **1.2** Para que servem as Notas Explicativas?
   - **1.3** Cite três informações que normalmente são encontradas nas Notas Explicativas.

2. **Classifique as afirmativas em falsas (F) ou verdadeiras (V):**
   - **2.1** ( ) As Notas Explicativas facilitam a interpretação dos dados contidos nas demonstrações contábeis.
   - **2.2** ( ) As Notas Explicativas devem figurar logo em seguida às demonstrações contábeis e são consideradas partes integrantes delas, quando publicadas pela empresa.
   - **2.3** ( ) As Notas Explicativas devem prover informação adicional que não tenha sido apresentada nas demonstrações contábeis, mesmo que não sejam relevantes para sua compreensão.
   - **2.4** ( ) As Notas Explicativas devem prover informação adicional que não tenha sido apresentada nas demonstrações contábeis, mas que seja relevante para sua compreensão.

CAPÍTULO 10

EXEMPLO PRÁTICO

10.1 Exemplo Prático Solucionado

Para que você possa vivenciar a apuração do resultado de um período, sua destinação e a elaboração de todas as demonstrações contábeis estudadas neste livro, elaboramos este exemplo prático, o qual envolve os procedimentos mais comuns e suficientes para que você possa entender facilmente como são elaboradas as demonstrações contábeis.

Previmos poucas ocorrências, porém, cuidamos para que os fatos apresentados envolvam situações que figuraram em todas as demonstrações contábeis estudadas.

Precisamos incluir alguns fatos que, no estágio dos estudos em que você se encontra, não foram objeto de temas discutidos nos volumes 1 e 2 da série **Fundamentos de Contabilidade**, contudo, as explicações e comentários no momento certo possibilitarão fácil entendimento.

Apresentaremos, no início, o Balanço Patrimonial da Comercial Blue Sky S/A, levantado em 31.12.X1; em seguida, fatos ocorridos durante o exercício de X2; por fim, um roteiro contendo todas as instruções para a solução do exemplo prático.

Sugerimos que você acompanhe todos os esclarecimentos e comentários e, depois, tente solucioná-lo.

Essa atitude permitirá que você domine os mecanismos já estudados para apuração do resultado e elaboração das demonstrações contábeis. Em sua solução, sempre que tiver dúvidas, consulte nossa solução. Repita esse procedimento até que consiga solucioná-lo sem embaraço algum.

10.1.1 Balanço Patrimonial levantado em 31.12.X1

ENTIDADE: Comercial Blue Sky S/A
BALANÇO PATRIMONIAL
EXERCÍCIO FINDO EM: 31 de dezembro de X1

CONTAS	$
ATIVO	
ATIVO CIRCULANTE	
DISPONIBILIDADES	
• Caixa	5.000
• Bancos conta Movimento	25.000
Total das Disponibilidades	30.000
ESTOQUES	
• Estoque de Mercadorias	130.000
Total dos Estoques	130.000
Total do Ativo Circulante	160.000

CONTAS	$
ATIVO NÃO CIRCULANTE	
IMOBILIZADO	
• Computadores	34.000
• (–) Depreciação Acumulada de Computadores	(8.000)
• Móveis e Utensílios	20.000
• (–) Depreciação Acumulada de Móveis e Utensílios	(6.000)
• Veículos	60.000
Total do Ativo Não Circulante	100.000
Total do Ativo	260.000
PASSIVO	
PASSIVO CIRCULANTE	
• Fornecedores	135.000
• Tributos sobre o Lucro Líquido a Recolher	15.000
• Salários e Encargos a Pagar	20.000
Total do Passivo Circulante	170.000
PATRIMÔNIO LÍQUIDO	
• Capital	90.000
Total do Patrimônio Líquido	90.000
Total do Passivo	260.000

10.1.2 Fatos ocorridos durante o exercício de X2

1. Vendas de mercadorias, à vista, conforme Notas Fiscais n°s 100 a 350, no valor de $ 100.000, com tributos recuperáveis embutidos no valor das mercadorias, no montante de $ 20.000, equivalentes a 20% do valor das vendas.
2. Compras de mercadorias, à vista, conforme Nota Fiscal nº 214, de Doce Mel S/A, no valor de $ 40.000, com tributos recuperáveis embutidos no valor das mercadorias, no montante de $ 8.000, equivalentes a 20% do valor das compras.
3. A Blue Sky S/A efetuou empréstimo no Banco Cardoso S/A, no valor de $ 100.000, para pagamento após dois anos, com juros e correção pós-fixados. O banco debitou na conta movimento da empresa a importância de $ 2.000, referentes a despesas com o financiamento.
4. Pagamento por meio de cheque emitido contra o Banco Cardoso S/A, das seguintes obrigações:
    - Tributos sobre o Lucro Líquido a Recolher   15.000
    - Salários e Encargos a Pagar   20.000
    - Total   35.000

5. Compras de mercadorias, a prazo, do fornecedor Doce Mel S/A, conforme Nota Fiscal nº 725, no valor de $ 200.000. Embutido no valor das mercadorias, incidiu tributos recuperáveis no valor de $ 40.000.
6. Vendas de mercadorias, a prazo, conforme Notas Fiscais nºs 532 a 600, no montante de $ 350.000, com tributos incidentes e embutidos no valor da venda, no montante de $ 60.000.
7. Aumento de capital com integralização em dinheiro, no valor de $ 30.000.
8. Pagamento, por meio de cheque do Banco Cardoso S/A, ao fornecedor Doce Mel S/A, da importância de $ 135.000, com desconto de $ 15.000.
9. Pagamento, em dinheiro, de salários e encargos incorridos durante o exercício de X2, $ 60.000.
10. Recebidas no Caixa da empresa duplicatas de aceite de nossos clientes, no montante de $ 200.000, com juros de $ 10.000.
11. Depósito efetuado no Banco Cardoso S/A, na importância de $ 180.000, conforme recibo.
12. Pagamento, em dinheiro, ao senhor Osvaldo Martins, referente ao aluguel do imóvel (meses de janeiro a novembro), no valor de $ 55.000.
13. Pagamento, por meio de cheques, das seguintes despesas:
    - Energia Elétrica   6.000
    - Água e Esgoto   2.000
    - Fretes sobre vendas   15.000
    - Propaganda e Publicidade   20.000
    - Total   43.000
14. Aplicação financeira de liquidez imediata efetuada junto ao Banco Cardoso S/A, no montante de $ 50.000.
15. Investimento em títulos representativos do capital de outra sociedade, como segue:
    - Valor dos títulos, incluindo corretagens e outros custos, $ 30.000.
    - O pagamento foi efetuado por meio de cheque contra o Banco Cardoso S/A.
    - A empresa tenciona manter esses títulos em curto prazo, classificando-os na modalidade de disponíveis para venda.
16. Venda, à vista, de um computador, por $ 20.000. Considerar que o custo de aquisição desse computador foi igual a $ 14.000, e essa unidade não tinha sofrido depreciação alguma até a data de sua alienação.

10.1.3 Roteiro e instruções para apuração do resultado e elaboração das Demonstrações Contábeis

- Considerar que, durante o exercício de X2, ocorreram somente os 16 fatos na movimentação do patrimônio da Comercial Blue Sky S/A.

1. Contabilizar os 16 fatos apresentados em partidas de Diário e em Razonetes. Vamos assumir que a empresa adota o sistema de inventário periódico para o registro das operações com mercadorias, conforme estudado no Capítulo 2 do volume 2 desta série.
2. Levantar o primeiro Balancete de Verificação, com contas e saldos extraídos dos Razonetes.
3. Procedimentos para apuração do resultado operacional bruto:
    3.1 Apurar o resultado da conta mercadorias extracontábil e contabilmente. Considerar que o estoque final, conforme inventário físico realizado, correspondeu a $ 190.000.
    3.2 Ajustar os saldos das contas utilizadas para o registro de direitos e de obrigações com os tributos recuperáveis incidentes sobre as compras e vendas.
4. Ajustes para apuração do resultado líquido:
    4.1 Apropriar o aluguel de dezembro que será pago no mês de janeiro de X3, no valor de $ 5.000.
    4.2 Apropriar os salários e encargos relativos à folha de pagamento de dezembro, a serem pagos em janeiro de X3, no valor de $ 10.000.
    4.3 Apropriar receitas financeiras ganhas em X2 com as aplicações financeiras de liquidez imediata, no valor de $ 7.000, conforme aviso bancário.
    4.4 Apropriar Juros e Correção Monetária no montante de $ 3.000, incorridos durante o exercício de X2, sobre o empréstimo efetuado junto ao Banco Cardoso S/A.
    4.5 O valor justo dos títulos disponíveis para venda em 31.12.X2 é de $ 40.000. Proceder à contabilização para avaliação do investimento a valor justo.
    4.6 Depreciar:
        - Computadores e Periféricos pela taxa de 20% a.a.;
        - Móveis e Utensílios, pela taxa de 10% a.a.; e
        - Veículo, pela taxa de 20% a.a.

Observação

▸ Não foi fixado valor residual para fins de depreciação dos bens do Imobilizado.

5. Apurar o resultado do período antes da tributação.
6. Calcular e contabilizar tributos sobre o lucro líquido, pela alíquota de 15%. Considerar que não há ajustes sobre o resultado para fins de tributação.
7. Destinações do lucro líquido do exercício:
    7.1 20% para reservas para investimentos;
    7.2 O restante distribuir aos acionistas em forma de dividendos.
8. Elaborar o segundo Balancete de Verificação.
9. Elaborar as seguintes Demonstrações Contábeis:
    9.1 Balanço Patrimonial;

9.2 Demonstração do Resultado do Período;
Providências para elaborar a DRP:
- Considerar que 80% das despesas com salários e encargos pertencem ao departamento comercial, e 20%, ao administrativo.
- É importante destacar que, havendo interesse, é preciso segregar também outras contas de despesas que possam ter onerado tanto o departamento comercial quanto o administrativo, como água e esgoto, aluguel etc. Nesse caso, o próprio Plano de Contas em uso na empresa deverá prever os agrupamentos das contas de despesas para cada departamento. No presente exemplo prático, por razões de simplificação, deixaremos de solicitar outras segregações.
- Para fins dos cálculos das participações minoritária (não controladores) e majoritária (controladores) sobre o resultado e os dividendos, considerar que a participação minoritária corresponde a 10% do capital da sociedade.
- Para fins do cálculo do lucro líquido por ação, considerar que o capital da Comercial Blue Sky S/A é composto por 120.000 ações ordinárias.

9.3 Demonstração de Lucros ou Prejuízos Acumulados (exigência contida na legislação societária brasileira);
9.4 Demonstração do Resultado Abrangente;
9.5 Demonstração das Mutações do Patrimônio Líquido;
9.6 Demonstração dos Fluxos de Caixa, pelo método indireto;
9.7 Demonstração dos Fluxos de Caixa, pelo método direto;
9.9 Demonstração do Valor Adicionado.

10.1.4 Solução

1. Contabilizar os 16 fatos apresentados em partidas de Diário e em Razonetes. Vamos assumir que a empresa adota o sistema de inventário periódico para o registro das operações com mercadorias, conforme estudado no Capítulo 2 do volume 2 desta série.

DIÁRIO
Contabilização dos fatos ocorridos durante o exercício de X2:

(1) Caixa
    a Vendas de Mercadorias
        Nossas vendas conf. Notas Fiscais
        n°s 100 a 350.   100.000
        _____ _____

(1A) Tributos sobre Vendas
    a Tributos sobre Vendas a Recolher
        Tributos incidentes s/ vendas conf.
        Notas Fiscais n°s 100 a 350.   20.000
        _____ _____

(2) Diversos
    a Caixa
        N/ compra conf. NF nº 214 do fornecedor Doce Mel S/A, como segue:
    Compras de Mercadorias
        Custo das mercadorias adquiridas.   32.000
    Tributos a Recuperar
        Tributo incidente na operação.   8.000   40.000

(3) Bancos conta Movimento
        Banco Cardoso S/A
    a Bancos conta Empréstimos (LP)
    a Banco Cardoso S/A
        Empréstimo efetuado para pagamento após 2 anos, com juros e correção pós-fixados, conf. contrato.   100.000

(3A) Despesas com Empréstimos
    a Bancos conta Movimento
    a Banco Cardoso S/A
        Conf. aviso de débito etc.   2.000

> **Observação**
>
> ▶ Nos empréstimos com juros e correção monetária pós-fixados, a empresa somente fica sabendo quanto vai pagar de juros e correção monetária na data do vencimento. Por esse motivo, na data em que recebe o montante emprestado, não é necessário preocupar-se com juros embutidos, uma vez que eles serão calculados no fim de cada ano (ou de cada mês) e adicionados ao montante do empréstimo, até o dia do vencimento em que será liquidado.

(4) Diversos
    a Bancos conta Movimento
    a Banco Cardoso S/A
        Pagamentos por meio de cheque, como segue:
    Tributos sobre o Lucro Líquido a Recolher
        Valor pago etc.   15.000
    Salários e Encargos a Pagar
        Valor pago etc.   20.000   35.000

(5) Diversos
    a Fornecedores
    a Doce Mel S/A
        Conf. s/ NF 725, como segue:
    Compras de Mercadorias
        Custo das mercadorias adquiridas.   160.000
    Tributos a Recuperar
        Conf. NF supra.   40.000   200.000
    _____ _____

(6) Clientes
    a Vendas de Mercadorias
        Nossas vendas conf. NF
        n°s 532 a 600.   350.000
    _____ _____

(6A) Tributos sobre Vendas
    a Tributos sobre Vendas a Recolher
        Incidentes sobre NFS n°s 532 a 600.   60.000
    _____ _____

(7) Caixa
    a Capital
        Aumento de capital etc.   30.000
    _____ _____

(8) Fornecedores
    Doce Mel S/A
    a Diversos
        Pagamento de várias duplicatas,
        como segue:
    a Bancos conta Movimento
    a Banco Cardoso S/A
        Valor líquido, conf. ch etc.   120.000
    a Descontos Obtidos
        Desconto obtido etc.   15.000   135.000
    _____ _____

(9) Salários e Encargos
    a Caixa
        Incorridos durante X2.   60.000
    _____ _____

(10) Caixa
    a Diversos
        Duplicatas recebidas de
    clientes, como segue:
    a Clientes
        Valor das duplicatas.   200.000
    a Juros Ativos
        Ref. Juros etc.   10.000   210.000

(11) Bancos conta Movimento
    Banco Cardoso S/A
    a Caixa
        Conf. recibo etc.   180.000

(12) Aluguéis Passivos
    a Caixa
        Pagamento ao sr. Osvaldo Martins,
    ref. aos meses de janeiro a
    novembro, conf. recibo etc.   55.000

(13) Diversos
    a Bancos conta Movimento
    a Banco Cardoso S/A
        Pagamento das seguintes despesas:
    Energia Elétrica   6.000
    Água e esgoto   2.000
    Fretes e carretos sobre vendas   15.000
    Propaganda e Publicidade   20.000   43.000

(14) Aplicações Financeiras de Liquidez Imediata
    Banco Cardoso S/A
    a Bancos conta Movimento
    a Banco Cardoso S/A
        Aplicação conf. recibo etc.   50.000

(15) Ações de Outras Empresas
   a Bancos conta Movimento
   a Banco Cardoso S/A
       Investimento efetuado em instrumentos financeiros a serem classificados na categoria disponíveis para venda etc.   30.000
   _____   _____

(16) Caixa
   a Diversos
       Venda de um computador, como segue:
   a Computadores
       Baixa pelo custo etc.   14.000
   a Receitas na venda de Bens do Imobilizado
       Lucro auferido etc.   6.000   20.000
   _____   _____

RAZONETES
Veja os Razonetes no final desta solução, após as demonstrações contábeis.

2. Levantar o primeiro Balancete de Verificação, com contas e saldos extraídos dos Razonetes.

ENTIDADE: Comercial Blue Sky S/A
BALANCETE DE VERIFICAÇÃO (primeiro)
LEVANTADO EM: 31.12.X2

CONTAS	DÉBITO	CRÉDITO
Caixa	30.000	–
Bancos conta Movimento	25.000	–
Aplicações Financeiras de Liquidez Imediata	50.000	–
Clientes	150.000	–
Tributos a Recuperar	48.000	–
Ações de Outras Empresas (CP)	30.000	–
Estoque de Mercadorias	130.000	–
Computadores	20.000	–
Depreciação Acumulada de Computadores	–	8.000
Móveis e Utensílios	20.000	–
Depreciação Acumulada de Móveis e Utensílios	–	6.000

CONTAS	DÉBITO	CRÉDITO
Veículos	60.000	–
Fornecedores	–	200.000
Tributos sobre Vendas a Recolher	–	80.000
Bancos conta Empréstimos (LP)	–	100.000
Capital	–	120.000
Tributos sobre Vendas	80.000	–
Compras de Mercadorias	192.000	–
Despesas com Empréstimos	2.000	–
Salários e Encargos	60.000	–
Aluguéis Passivos	55.000	–
Energia Elétrica	6.000	–
Água e Esgoto	2.000	–
Fretes e Carretos sobre Vendas	15.000	–
Propaganda e Publicidade	20.000	–
Vendas de Mercadorias	–	450.000
Descontos Obtidos	–	15.000
Juros Ativos	–	10.000
Lucro na Venda de Bens do Imobilizado	–	6.000
Totais	**995.000**	**995.000**

3. Procedimentos para apuração do resultado operacional bruto:
   3.1 Apurar o resultado da conta mercadorias extracontábil e contabilmente. Considerar que o estoque final, conforme inventário físico realizado, correspondeu a $ 170.000.

   Apuração extracontábil

   CMV = 130.000 + 192.000 – 170.000 = 152.000
   RCM = 450.000 – 80.000 – 152.000 = 218.000

   (17) Custo das Mercadorias Vendidas
         a Estoque de Mercadorias
             Transferência da 2ª para a 1ª das
             contas supra referente ao estoque
             inicial para apuração do resultado
             bruto.   130.000

Capítulo 10 • Exemplo prático

(18) Custo das Mercadorias Vendidas
  a Compras de Mercadorias
    Transferência etc.   192.000
  _____ _____

(19) Estoque de Mercadorias
  a Custo das Mercadorias Vendidas
    Estoque final etc.   170.000
  _____ _____

(20) Vendas de Mercadorias
  a Resultado da Conta Mercadorias
    Transferência etc.   450.000
  _____ _____

(21) Resultado da Conta Mercadorias
  a Diversos
    Transferências etc., como segue:
  a Custo das Mercadorias Vendidas
    Saldo desta conta.   152.000
  a Tributos sobre Vendas
    Saldo desta conta etc.   80.000   232.000
  _____ _____

(22) Resultado da Conta Mercadorias
  a Lucro sobre Vendas
    Lucro bruto apurado.   218.000
  _____ _____

3.2 Ajustar os saldos das contas utilizadas para o registro de direitos e de obrigações com os tributos recuperáveis incidentes sobre as compras e vendas.

(23) Tributos sobre Vendas a Recolher
  a Tributos a Recuperar
    Transferência do saldo da 2ª para a
    1ª das contas supra,
    para ajuste dos saldos etc.   48.000
  _____ _____

4. Ajustes para apuração do resultado líquido:
  4.1 Apropriar o aluguel de dezembro que será pago no mês de janeiro de X3, no valor de $ 5.000.

(24) Aluguéis Passivos
  a Aluguéis a Pagar
    Apropriação que se processa etc.   5.000
  _____ _____

4.2 Apropriar os salários e encargos relativos à folha de pagamento de dezembro, a serem pagos em janeiro de X3, no valor de $ 10.000.

(25) Salários e Encargos
   a Salários e Encargos a Pagar
       Apropriação etc.   10.000
   _____   _____

4.3 Apropriar receitas financeiras ganhas em X2 com as aplicações financeiras de liquidez imediata, no valor de $ 7.000, conforme aviso bancário.

(26) Aplicações Financeiras de Liquidez Imediata
   a Receitas Sobre Aplicações Financeiras
       Conforme aviso bancário etc.   7.000
   _____   _____

4.4 Apropriar juros e Correção Monetária no montante de $ 3.000, incorridos durante o exercício de X2, sobre o empréstimo efetuado junto ao Banco Cardoso S/A.

(27) Juros Passivos
   a Banco Cardoso S/A
   a Bancos conta Empréstimos (LP)
       Apropriação dos encargos do período etc.   3.000
   _____   _____

4.5 O valor justo dos títulos disponíveis para venda em 31.12.X2 é de $ 40.000. Proceder à contabilização para avaliação do investimento a valor justo.

(28) Ações de Outras Empresas
   a Ajustes de Avaliação Patrimonial
       Pela avaliação a valor justo etc.   10.000
   _____   _____

nota

- É importante esclarecer que a avaliação de investimentos não foi tratada nos livros desta série, dado seu caráter introdutório. Contudo, para que possamos ter pelo menos um exemplo envolvendo receita a ser informada na Demonstração do Resultado Abrangente, fizemos constar neste exemplo prático um fato envolvendo avaliação de investimento de curto prazo pelo valor justo, pois essa operação que, no caso, corresponde a aumento de valor no investimento, gera um ganho para a empresa, o qual, dada sua natureza, impacta diretamente o Patrimônio Líquido, sem passar pelo resultado. Caso você se interesse em conhecer o assunto com detalhes, sugerimos a consulta aos Capítulos 2 e 3 do livro *Contabilidade Avançada*, de nossa autoria, publicado pela SaraivaUni.

4.6 Depreciar:
- Computadores e Periféricos pela taxa de 20% a.a.;
- Móveis e Utensílios, pela taxa de 10% a.a.;
- Veículo, pela taxa de 20% a.a.

Observação

▶ Não foi fixado valor residual para fins de depreciação dos bens do Imobilizado.

(29) Depreciação
    a Diversos
        Depreciações que se processam
      etc., como segue:
    a Depreciação Acumulada de Computadores
        Conf. cálculos.   4.000
    a Depreciação Acumulada de Móveis e Utensílios
        Idem.   2.000
    a Depreciação Acumulada de Veículos
        Idem.   12.000   18.000

5. Apurar o resultado do período antes da tributação.

(30) Resultado do Exercício
    a Diversos
        Transferências dos saldos das
      seguintes contas de despesas, para
      apuração do resultado:
    a Despesas com Empréstimos
        Saldo desta conta.   2.000
    a Salários e Encargos
        Idem.   70.000
    a Aluguéis Passivos
        Idem.   60.000
    a Energia Elétrica
        idem.   6.000
    a Água e Esgoto
        Idem.   2.000
    a Fretes e Carretos sobre Vendas
        Idem.   15.000

                a Propaganda e Publicidade
                        Idem.   20.000
                a Juros Passivos
                        Idem.   3.000
                a Depreciação
                        Idem.   18.000   196.000
                _____ _____

        (31) Diversos
                a Resultado do Exercício
                        Transferências etc., como segue:
                Lucros sobre Vendas
                        Lucro bruto etc.   218.000
                Descontos Obtidos
                        Saldo desta conta.   15.000
                Juros Ativos
                        Idem.   10.000
                Lucro na Venda de Bens do Imobilizado
                        Idem.   6.000
                Receitas sobre Aplicações Financeiras
                        Idem.   7.000   256.000
                _____ _____

Veja o resultado da conta Resultado do Exercício até aqui, em seu Razonete:

RESULTADO DO EXERCÍCIO			
(30)	196.000	(31)	256.000
		Saldo	60.000

Note que o resultado do exercício antes da tributação correspondeu a lucro de $ 60.000.

6. Calcular e contabilizar tributos sobre o lucro líquido, pela alíquota de 15%. Considerar que não há ajustes sobre o resultado para fins de tributação.

        (32) Resultado do Exercício
                a Tributos sobre o Lucro Líquido a Recolher
                        15% s/ $ 60.000.   9.000
                _____ _____

7. Destinações do lucro líquido do exercício:
    7.1   20% para reservas para investimentos;
    7.2   O restante distribuir aos acionistas em forma de dividendos.

Você já sabe que o lucro líquido do exercício, antes das destinações, precisa ser transferido para a conta Lucros ou Prejuízos Acumulados. Veja:

(33) Resultado do Exercício
    a Lucros ou Prejuízos Acumulados
        Lucro líquido apurado etc.   51.000
    _____ _____

(34) Lucros ou Prejuízos Acumulados
    a Diversos
        Destinações do lucro líquido,
    como segue:
    a Reserva para Investimentos
        20% conf. cálculos etc.   10.200
    a Dividendos a Pagar
        Conforme cálculos etc.   40.800   51.000
    _____ _____

8. Elaborar o segundo Balancete de Verificação.

ENTIDADE: Comercial Blue Sky S/A
BALANCETE DE VERIFICAÇÃO (segundo)
LEVANTADO EM: 31.12.X2

CONTAS	DÉBITO	CRÉDITO
Caixa	30.000	–
Bancos conta Movimento	25.000	–
Aplicações Financeiras de Liquidez Imediata	57.000	–
Clientes	150.000	–
Ações de Outras Empresas	40.000	–
Estoque de Mercadorias	170.000	–
Computadores	20.000	–
Depreciação Acumulada de Computadores	–	12.000
Móveis e Utensílios	20.000	–
Depreciação Acumulada de Móveis e Utensílios	–	8.000
Veículos	60.000	–
Depreciação Acumulada de Veículos	–	12.000
Fornecedores	–	200.000
Tributos sobre o Lucro Líquido a Recolher	–	9.000
Salários e Encargos a Pagar	–	10.000

CONTAS	DÉBITO	CRÉDITO
Tributos sobre Vendas a Recolher	–	32.000
Aluguéis a Pagar	–	5.000
Dividendos a Pagar	–	40.800
Bancos conta Empréstimos (LP)	–	103.000
Capital	–	120.000
Reserva para Investimentos	–	10.200
Ajustes de Avaliação Patrimonial	–	10.000
Totais	**572.000**	**572.000**

9. Elaborar as seguintes demonstrações contábeis:
   9.1 Balanço Patrimonial

ENTIDADE: Comercial Blue Sky S/A
BALANÇO PATRIMONIAL
EXERCÍCIO FINDO EM: 31.12.X2

CONTAS	$
ATIVO	
ATIVO CIRCULANTE	
DISPONIBILIDADES	
• Caixa	30.000
• Bancos conta Movimento	25.000
• Aplicações Financeiras de Liquidez Imediata	57.000
Total das Disponibilidades	112.000
CLIENTES	
• Clientes	150.000
Total de Clientes	150.000
INVESTIMENTOS TEMPORÁRIOS A CURTO PRAZO	
• Ações de Outras Empresas	40.000
Total de Investimentos Temporários a Curto Prazo	40.000
ESTOQUES	
• Estoque de Mercadorias	170.000
Total de Estoques	170.000
Total do Ativo Circulante	472.000

CONTAS	$
ATIVO NÃO CIRCULANTE	
IMOBILIZADO	
• Computadores	20.000
• Depreciação Acumulada de Computadores	(12.000)
• Móveis e Utensílios	20.000
• Depreciação Acumulada de Móveis e Utensílios	(8.000)
• Veículos	60.000
• Depreciação Acumulada de Veículos	(12.000)
Total do Imobilizado	68.000
Total do Ativo Não Circulante	68.000
Total do Ativo	540.000
PASSIVO	
PASSIVO CIRCULANTE	
OBRIGAÇÕES A FORNECEDORES	
• Fornecedores	200.000
Total das Obrigações a Fornecedores	200.000
OBRIGAÇÕES TRIBUTÁRIAS	
• Tributos sobre o Lucro Líquido a Recolher	9.000
• Tributos sobre Vendas a Recolher	32.000
Total das Obrigações Tributárias	41.000
OBRIGAÇÕES TRABALHISTAS E PREVIDENCIÁRIAS	
• Salários e Encargos a Pagar	10.000
Total das Obrigações Trabalhistas e Previdenciárias	10.000
OUTRAS OBRIGAÇÕES	
• Aluguéis a Pagar	5.000
Total das Outras Obrigações	5.000
PARTICIPAÇÕES E DESTINAÇÕES DO LUCRO LÍQUIDO	
• Dividendos a Pagar	40.800
Total das Participações e Destinações do Lucro Líquido	40.800
Total do Passivo Circulante	296.800

Noções de Demonstrações Contábeis

CONTAS	$
PASSIVO NÃO CIRCULANTE	
PASSIVO EXIGÍVEL A LONGO PRAZO	
EMPRÉSTIMOS E FINANCIAMENTOS	
• Bancos conta Empréstimos (LP)	103.000
Total de Empréstimos e Financiamentos	103.000
Total do Passivo Não Circulante	103.000
Total das Exigibilidades	399.800
PATRIMÔNIO LÍQUIDO	
CAPITAL SOCIAL	
• Capital	120.000
Total do Capital Social	120.000
RESERVAS	
• Reserva para Investimentos	10.200
Total das Reservas	10.200
AJUSTES DE AVALIAÇÃO PATRIMONIAL	
• Ajustes de Avaliação Patrimonial	10.000
Total de Ajustes de Avaliação Patrimonial	10.000
Total do Patrimônio Líquido	140.200
Total do Passivo	**540.000**

Como obter os dados para informar no Balanço Patrimonial

Conforme você pôde observar, o desenvolvimento normal dos procedimentos necessários para a apuração e a destinação do resultado do exercício, com lançamentos no Diário e no Razão (Razonetes), possibilita a elaboração do segundo Balancete de Verificação, de onde serão extraídos os dados para elaboração do Balanço Patrimonial.

A partir do segundo Balancete, basta ter em mãos o Plano de Contas em uso na empresa ou, em nosso caso, consultar o modelo de Balanço apresentado na Seção 2.5 do Capítulo 2 deste livro. Portanto, a elaboração do Balanço Patrimonial, depois de levantado o segundo Balancete, é uma tarefa relativamente simples.

9.2 Demonstração do Resultado do Período

ENTIDADE: Comercial Blue Sky S/A
DEMONSTRAÇÃO DO RESULTADO DO EXERCÍCIO
EXERCÍCIO FINDO EM: 31.12.X2

DESCRIÇÃO	$
1. RECEITA OPERACIONAL BRUTA	
• Vendas de Mercadorias e/ou Prestação de Serviços	450.000
2. DEDUÇÕES E ABATIMENTOS	
• Tributos sobre Vendas	(80.000)
3. RECEITA OPERACIONAL LÍQUIDA (1 – 2)	370.000
4. CUSTOS OPERACIONAIS	
• Custo das Mercadorias Vendidas e dos Serviços Prestados	(152.000)
5. LUCRO OPERACIONAL BRUTO (3 – 4)	218.000
6. DESPESAS OPERACIONAIS	
• Despesas com Vendas	(91.000)
• Despesas Financeiras	(5.000)
• Receitas Financeiras	32.000
• Despesas Gerais e Administrativas	(100.000)
• Outras Despesas Operacionais	–
7. OUTRAS RECEITAS OPERACIONAIS	–
8. LUCRO (PREJUÍZO) OPERACIONAL (5 – 6 + 7)	54.000
9. OUTRAS RECEITAS	6.000
10. OUTRAS DESPESAS	–
11. RESULTADO DO EXERCÍCIO ANTES DA TRIBUTAÇÃO	60.000
12. TRIBUTOS SOBRE O LUCRO	(9.000)
13. RESULTADO DO EXERCÍCIO APÓS TRIBUTAÇÃO	51.000
14. PARTICIPAÇÕES	–
15. LUCRO LÍQUIDO DO EXERCÍCIO (14 – 15)	51.000
16. LUCRO LÍQUIDO POR AÇÃO	0,425

Os dados para informar na DRE podem ser extraídos dos lançamentos de apuração e destinação do resultado do exercício. Em nosso exemplo, esses dados podem ser extraídos dos lançamentos 17 ao 34.

Entretanto, não basta coletar os dados desses lançamentos, pois algumas informações precisam ser calculadas. Veja, então, os procedimentos a seguir.

Providências para elaborar a DRE:
Informações importantes:

- Agrupar as contas de despesas e de receitas em seus respectivos grupos.
- Considerar, para fins deste exemplo prático, que 80% das despesas com salários e encargos pertencem ao departamento comercial e 20%, ao administrativo.
- É importante destacar que, havendo interesse, será preciso segregar também outras contas de despesas que possam ter onerado tanto o departamento comercial como o administrativo, como água e esgoto, aluguel etc. Nesse caso, o próprio Plano de Contas em uso na empresa deverá prever os agrupamentos das contas de despesas para cada departamento. Neste exemplo prático, por razões práticas, deixaremos de efetuar outras segregações.
- Para fins dos cálculos das participações minoritária (não controladores) e majoritária (controladores) sobre o resultado e os dividendos, considerar que a participação minoritária corresponde a 10% do capital da sociedade.
- Para fins do cálculo do lucro líquido por ação, considerar que o capital da Comercial Blue Sky S/A é composto por 120.000 ações ordinárias.

Para segregar as despesas em seus respectivos grupos, consulte o lançamento 30.

a) Cálculo dos salários para segregar em despesas com as vendas e administrativas:
Salários e Encargos = 70.000
80% para o departamento comercial:
80% de 70.000 = 56.000
20% para o departamento administrativo
20% de 70.000 = 14.000

b) Agrupamentos das despesas e receitas:
RECEITA BRUTA
- Vendas de Mercadorias 450.000

DEDUÇÕES DA RECEITA BRUTA
- Tributos sobre Vendas 80.000

CUSTO DAS MERCADORIAS VENDIDAS
- Custo das Mercadorias Vendidas 152.000

DESPESAS COM AS VENDAS
- Salários e Encargos (80%) 56.000
- Fretes e Carretos sobre Vendas 15.000
- Propaganda e Publicidade 20.000
- Total 91.000

DESPESAS GERAIS E ADMINISTRATIVAS
- Salários e Encargos (20%) 14.000
- Aluguéis Passivos 60.000
- Energia Elétrica 6.000
- Água e Esgoto 2.000
- Depreciação 18.000
- Total 100.000

DESPESAS FINANCEIRAS
- Despesas com Empréstimos   2.000
- Juros Passivos   3.000
- Total   5.000

RECEITAS FINANCEIRAS
- Descontos Obtidos   15.000
- Juros Ativos   10.000
- Receitas sobre Aplicações Financeiras   7.000
- Total   32.000

OUTRAS RECEITAS
- Lucro na Venda de Bens do Imobilizado   6.000

CÁLCULO DAS PARTICIPAÇÕES MINORITÁRIA E MAJORITÁRIA
- Minoritária: 10% de 51.000 = 5.100
- Majoritária: 90% de 51.000 = 45.900

CÁLCULO DO LUCRO LÍQUIDO POR AÇÃO
- $ 51.000/120.000 ações = $ 0,425

Veja, agora, como fica a Demonstração do Resultado do Período:

ENTIDADE: Comercial Blue Sky S/A
DEMONSTRAÇÃO DO RESULTADO DO PERÍODO
EXERCÍCIO FINDO EM: 31.12.X2

DESCRIÇÃO	$
1. RECEITA OPERACIONAL BRUTA	370.000
2. (–) CUSTOS DAS MERCADORIAS, PRODUTOS E SERVIÇOS VENDIDOS	(152.000)
3. (=) LUCRO BRUTO	218.000
4. (–) DESPESAS OPERACIONAIS	
• Despesas com Vendas	(91.000)
• Despesas Gerais e Administrativas	(100.000)
• Outras Despesas Operacionais	–
5. (+) OUTRAS RECEITAS OPERACIONAIS	6.000
6. (±) RESULTADO DA EQUIVALÊNCIA PATRIMONIAL	–
7. (=) RESULTADO ANTES DAS DESP. E REC. FINANCEIRAS	33.000
8. (–) DESPESAS FINANCEIRAS	(5.000)
9. (+) RECEITAS FINANCEIRAS	32.000
10. (=) RESULTADO ANTES DOS TRIBUTOS SOBRE O LUCRO	60.000

DESCRIÇÃO	$
11. (–) TRIBUTOS SOBRE O LUCRO LÍQUIDO	(9.000)
12. (=) RESULTADO LÍQUIDO DAS OPERAÇÕES CONTINUADAS	51.000
13. (±) RESULTADO LÍQUIDO DAS OPERAÇÕES DESCONTINUADAS	–
14. (=) RESULTADO DO PERÍODO ANTES DAS PARTICIPAÇÕES	51.000
15. (–) PARTICIPAÇÕES	–
16. (=) RESULTADO LÍQUIDO DO PERÍODO	51.000
17. RESULTADO LÍQUIDO DO PERÍODO ATRIBUÍVEL	
• Aos acionistas não controladores	5.100
• Aos acionistas controladores	45.900
18. LUCRO LÍQUIDO POR AÇÃO DO CAPITAL	0,425

Como obter as informações para elaborar a DRP

As mesmas providências estudadas para elaboração da DRE, constantes do item 9.2, aplicam-se para a elaboração da DRP.

9.3 Demonstração de Lucros ou Prejuízos Acumulados (exigência contida na legislação societária brasileira)

ENTIDADE: Comercial Blue Sky S/A
DEMONSTRAÇÃO DE LUCROS OU PREJUÍZOS ACUMULADOS
EXERCÍCIO FINDO EM: 31.12.X2

DESCRIÇÃO	$
1. Saldo no Início do Período	–
2. Ajustes de Exercícios Anteriores	–
3. Saldo Ajustado (1 ± 2)	–
4. Lucro ou Prejuízo do Exercício	51.000
5. Reversão de Reservas	–
6. Saldo à Disposição	51.000
7. Destinação do Exercício:	
• Reserva para Investimentos	(10.200)
• Dividendos Obrigatórios	(40.800)
• Dividendos por Ação	0,34
8. Saldo no Fim do Exercício	–

Como obter os dados para informar na DLPA

Tendo em vista que essa demonstração nada mais é que um retrato da movimentação ocorrida na conta Lucros ou Prejuízos Acumulados, para elaborá-la, basta consultar a ficha de Razão (ou o Razonete) da respectiva conta.

É bom lembrar que a consulta ao lançamento 34 deste exemplo prático também ajuda na coleta dos dados.

Veja como foram feitos os cálculos para conhecer o valor dos dividendos por ação: $ 40.800/120.000 ações = $ 0,34 por ação

9.4 Demonstração do Resultado Abrangente

ENTIDADE: Comercial Blue Sky S/A
DEMONSTRAÇÃO DO RESULTADO ABRANGENTE
EXERCÍCIO FINDO EM: 31.12.X2

DESCRIÇÃO	$
• Resultado do Período	51.000
• Ajuste de avaliação patrimonial relativo aos ganhos e perdas na remensuração de ativos financeiros disponíveis para venda	10.000
• Resultado Abrangente do Período	61.000
• Total do resultado abrangente do período atribuível aos:	
• Acionistas não controladores	6.100
• Acionistas controladores	54.900

Como obter os dados para informar na DRA

Resultado do Período: 51.000

- Esse valor consta da última linha da Demonstração do Resultado do Período. Pode, também, ser extraído do lançamento 33.

Ajuste de avaliação patrimonial relativo aos ganhos e perdas na remensuração de ativos financeiros disponíveis para venda: 10.000

- Esse valor foi extraído do lançamento 28.

9.5 Demonstração das Mutações do Patrimônio Líquido

ENTIDADE: Comercial Blue Sky S/A
DEMONSTRAÇÃO DAS MUTAÇÕES DO PATRIMÔNIO LÍQUIDO
EXERCÍCIO FINDO EM: 31.12.X2

DESCRIÇÃO	CAPITAL SOCIAL	RESERVAS DE LUCROS	AJUSTES DE AVALIAÇÃO PATRIM.	LUCROS A DESTINAR	TOTAIS
Saldo em 31.12.X1	90.000				90.000
Aumento de Capital					
• Novas Integr.	30.000				30.000
Lucro Líquido no Período				51.000	51.000

DESCRIÇÃO	CAPITAL SOCIAL	RESERVAS DE LUCROS	AJUSTES DE AVALIAÇÃO PATRIM.	LUCROS A DESTINAR	TOTAIS
Destin. Lucro Líquido					
• Reservas Invest.		10.200		(10.200)	
• Dividendos				(40.800)	(40.800)
Ajuste de avaliação patrimonial relativo aos ganhos e perdas na remensuração de ativos financeiros disponíveis para venda			10.000		10.000
Saldo em 31.12.X2	120.000	10.200	10.000		140.200

Como obter os dados para informar na DMPL

Saldo da conta Capital, em 31.12.X1, no valor de $ 90.000.

- Esse valor foi extraído do Balanço de 31.12.X1. Pode ser encontrado, também, no Razonete da conta Capital.

Aumento de Capital com nova integralização, no valor de $ 30.000.

- Esse valor foi extraído do lançamento 7. Pode ser encontrado, também, no Razonete da conta Capital.

Lucro Líquido do Período no valor de $ 51.000.

- Esse valor foi extraído do lançamento 33.

Destinação do Lucro Líquido para constituição de Reservas de Lucros no valor de $ 10.200.

- Esse valor foi extraído do lançamento 34. Pode ser encontrado, também, no Balanço de 31.12.X2 ou no Razonete da conta Reservas para Investimentos.

Dividendos no valor de $ 40.800.

- Esse valor foi extraído do lançamento 34. Pode ser encontrado, também, no Balanço de 31.12.X2 e no Razonete da conta Dividendos a Pagar.

Ajuste de avaliação patrimonial, relativo aos ganhos e perdas na remensuração de ativos financeiros disponíveis para venda, no valor de $ 10.000.

- Esse valor foi extraído do lançamento 28. Pode ser encontrado, também, na Demonstração do Resultado Abrangente ou no Razonete da conta Ações de Outras Empresas.

9.6 Demonstração dos Fluxos de Caixa, pelo método indireto

ENTIDADE: Comercial Blue Sky S/A DEMONSTRAÇÃO DOS FLUXOS DE CAIXA PELO MÉTODO INDIRETO EXERCÍCIO FINDO EM: 31.12.X2	
DESCRIÇÃO	$
1. FLUXOS DE CAIXA DAS ATIVIDADES OPERACIONAIS	
Resultado do Exercício antes da Tributação	60.000
Ajuste por:	
(+) Depreciação, amortização etc.	18.000
(+) Juros apropriados s/ empréstimos a Longo Prazo	3.000
(–) Lucro na venda de Ativo Não Circulante	(6.000)
Variações nos Ativos e Passivos	
(Aumento) Redução em Clientes	(150.000)
(Aumento) Redução em Contas a Receber	(30.000)
(Aumento) Redução dos Estoques	(40.000)
Aumento (Redução) em Fornecedores	65.000
Aumento (Redução) em Contas a Pagar	27.000
Aumento (Redução) nos Tributos sobre o Lucro Líquido	(15.000)
(=) Disponibilidades líquidas geradas pelas (aplicações nas) atividades operacionais	(68.000)
2. FLUXOS DE CAIXA DAS ATIVIDADES DE INVESTIMENTO	
(+) Recebimentos por vendas do Imobilizado	20.000
(=) Disponibilidades líquidas geradas pelas (aplicadas nas) atividades de investimento	20.000
3. FLUXOS DE CAIXA DAS ATIVIDADES DE FINANCIAMENTO	
(+) Integralização de capital	30.000
(+) Empréstimos tomados	100.000
(=) Disponibilidades líquidas geradas pelas (aplicadas nas) atividades de financiamento	130.000
4. AUMENTO (REDUÇÃO) NAS DISPONIBILIDADES (1 ± 2 ± 3)	82.000
5. DISPONIBILIDADES NO INÍCIO DO PERÍODO	30.000
6. DISPONIBILIDADES NO FINAL DO PERÍODO (4 ± 5)	112.000

Como obter os dados para informar na DFC Indireta

Em primeiro lugar, cumpre salientar que as instruções para o preenchimento dessa demonstração você encontra no Capítulo 7 deste livro.

É importante destacar que a coleta de dados para apresentar na DFC pelo método indireto é feita, basicamente, consultando a Demonstração do Resultado do Período do exercício findo e pela comparação entre os dados contidos no Balanço Patrimonial do exercício findo com os contidos no Balanço Patrimonial do exercício anterior, além de consultar as informações contidas nas Notas Explicativas.

Acompanhe:

1. FLUXOS DE CAIXA DAS ATIVIDADES OPERACIONAIS
   Resultado do Exercício antes da Tributação: 60.000
   - Esse valor foi extraído do item 10 da DRP.

   Ajustes por:
   (+) Depreciação, amortização etc.: 18.000
   - Esse valor foi extraído do lançamento 30.

   (+) Juros apropriados s/ empréstimos: 3.000
   - Esse valor foi extraído do lançamento 31.
     Corresponde a despesas incorridas que devem ser apropriadas ao resultado do período, em decorrência do regime de competência, contudo, não gera saída de caixa. Normalmente, essa informação é obtida também consultando as Notas Explicativas que acompanham as demonstrações contábeis.

   (–) Lucro na venda de Ativo Não Circulante: (6.000)
   - Esse valor foi extraído do lançamento 31. Consta, também, da DRP.
     A norma contábil estabelece que os lucros ou prejuízos decorrentes de alienação de bens do Ativo Não Circulante devam ser expurgados do resultado, e o valor bruto da alienação deve figurar entre os fluxos de caixa das atividades de investimento.

Variações nos Ativos e Passivos

Variações nos Ativos

É importante destacar que, para informar as variações ocorridas no Ativo, o ideal é que elas sejam apresentadas por grupos, ou seja, é preciso comparar os totais dos grupos do Ativo Circulante e do Ativo Realizável a Longo Prazo, do Balanço findo com os do Balanço anterior.

Os grupos do Ativo Circulante e do Realizável a Longo Prazo que devem ser confrontados e informados são: Clientes, Contas a Receber, Tributos a Recuperar, Investimentos Temporários a Curto Prazo, Estoques e Despesas do Exercício Seguinte.

Por razões de simplificação, convencionou-se apresentar as variações do Ativo Circulante e Realizável a Longo Prazo em três grupos: Clientes, Contas a Receber e Estoques. Assim, no item Contas a Receber, entram no cálculo todos os demais grupos do Ativo Circulante e Realizável a Longo Prazo, exceto Clientes e Estoques.

(Aumento) Redução em Clientes: (150.000)
- Esse valor foi obtido confrontando os saldos de Clientes constantes do Balanço do exercício findo e do Balanço do exercício anterior.

(Aumento) Redução em Investimentos Temporários a Curto Prazo: (30.000)
- Esse valor foi obtido comparando-se o saldo do grupo Investimentos Temporários a Curto Prazo do Ativo Circulante do Balanço findo com o mesmo grupo do Balanço anterior.
Aqui, é preciso esclarecer que o saldo dos investimentos no Balanço findo é de $ 40.000. Examinando a composição no respectivo Razonete, pode-se perceber que $ 10.000 foi debitado no exercício findo e corresponde à correção decorrente da avaliação do investimento pelo valor justo. Essa avaliação gerou débito na conta do investimento, aumento e crédito na conta Ajustes de Avaliação Patrimonial, que é do Patrimônio Líquido. Como esse ganho não gerou ingresso de Caixa, não foi considerado no saldo da conta para fins da DFC.

(Aumento) Redução dos estoques: (40.000)
- Esse valor foi obtido no confronto entre o saldo existente no Balanço findo com o do Balanço anterior, como segue:
Saldo do Balanço findo: 170.000
(–) Saldo do Balanço anterior: (120.000)
(=) Aumento: 40.000

Variações nos Passivos

A exemplo do que ocorre com as variações do Ativo, as do Passivo também devem ser informadas de acordo com os grupos de contas existentes tanto no Passivo Circulante como no Passivo Não Circulante.

Por razões práticas, e principalmente para fins didáticos, costuma-se informar as variações do Passivo em três grupos: Fornecedores, Tributos e os demais grupos, todos com o título de Contas a Pagar.

É importante lembrar que não devem entrar nos cálculos as obrigações derivadas do lucro líquido do exercício findo. Assim, as obrigações correspondentes a tributos incidentes sobre o lucro líquido, as participações e os dividendos, derivados do lucro apurado no exercício findo, não entram nos cálculos.

Aumento (Redução) em Fornecedores: 65.000
- Esse valor foi obtido confrontando-se o saldo de Fornecedores do exercício findo com o do exercício anterior: 200.000 – 135.000 = 65.000.

Aumento (Redução) em Contas a Pagar: 27.000
- Esse valor foi obtido no confronto entre os saldos das demais obrigações (exceto fornecedores e tributos) do Balanço findo com os mesmos do Balanço anterior.
Lembrar, mais uma vez, que as obrigações decorrentes do lucro do período findo não entram no cálculo.

É importante informar, também, que o saldo da conta Empréstimos Bancários de longo prazo, no valor de 103.000, foi segregado em duas partes e informado como segue: 3.000 nos fluxos de caixa das atividades operacionais, como aumento no lucro líquido, e 100.000 nos fluxos de caixa das atividades de financiamento.

Aumento (Redução) nos Tributos sobre o Lucro Líquido: (15.000)
- Esse valor corresponde ao saldo existente no Balanço do exercício anterior que foi pago no exercício findo.

2. **FLUXOS DE CAIXA DAS ATIVIDADES DE INVESTIMENTO**
   (+) Recebimentos por vendas do Imobilizado: 20.000
   - Esse valor foi extraído do lançamento 16.

3. **FLUXOS DE CAIXA DAS ATIVIDADES DE FINANCIAMENTO**
   (+) Integralização de capital 30.000
   - Esse valor foi extraído do lançamento 7.

   (+) Empréstimos tomados: 100.000
   - Esse valor foi extraído do Balanço do exercício findo. Os juros apropriados no período, no valor de 3.000, foram adicionados ao lucro líquido, nos fluxos de caixa das atividades operacionais, conforme já comentamos.

9.7 Demonstração dos Fluxos de Caixa pelo método direto

ENTIDADE: Comercial Blue Sky S/A
DEMONSTRAÇÃO DOS FLUXOS DE CAIXA PELO MÉTODO DIRETO
EXERCÍCIO FINDO EM: 31.12.X2

DESCRIÇÃO	$
1. FLUXOS DE CAIXA DAS ATIVIDADES OPERACIONAIS	
• Valores recebidos de clientes	300.000
• Valores pagos a fornecedores e empregados	(255.000)
• Imposto de Renda e Contribuição Social pagos	(15.000)
• Outros recebimentos (pagamentos) líquidos	(98.000)
(=) Disponibilidades líquidas geradas pelas (aplicadas nas) atividades operacionais	(68.000)
2. FLUXOS DE CAIXA DAS ATIVIDADES DE INVESTIMENTO	
(+) Recebimentos por vendas do Imobilizado	20.000
(=) Disponibilidades líquidas geradas pelas (aplicadas nas) atividades de investimento	20.000

DESCRIÇÃO	$
3. FLUXOS DE CAIXA DAS ATIVIDADES DE FINANCIAMENTO	
(+) Integralização de capital	30.000
(+) Empréstimos tomados	100.000
(=) Disponibilidades líquidas geradas pelas (aplicadas nas) atividades de financiamento	130.000
4. AUMENTO (REDUÇÃO) NAS DISPONIBILIDADES (1 ± 2 ± 3)	82.000
5. DISPONIBILIDADES NO INÍCIO DO PERÍODO	30.000
6. DISPONIBILIDADES NO FINAL DO PERÍODO (4 ± 5)	112.000

Como obter os dados para informar na DFC Direta

1. FLUXOS DE CAIXA DAS ATIVIDADES OPERACIONAIS
   - Valores recebidos de clientes — 300.000

   Esse montante é obtido pelo seguinte cálculo:

   - Saldo da conta Clientes do Balanço anterior
   - (+) Vendas efetuadas no exercício findo — 450.000
   - (–) Saldo de Clientes do Balanço findo — (150.000)
   - (=) Valor recebido de Clientes — 300.000

   - Valores pagos a fornecedores e empregados — (255.000)

   Esse montante é obtido pelo seguinte cálculo:

   - Saldo de Salários e Enc. do Balanço anterior — 20.000
   - (+) Salários e Encargos do exercício findo — 70.000
   - (–) Saldo de Salários e Enc. do Balanço findo — (10.000)
   - (=) Total pago no exercício — 80.000

   - Saldo de Fornecedores do Balanço anterior — 135.000
   - (+) Compras do exercício atual — 240.000
   - (–) Saldo de Fornecedores do Balanço findo — (200.000)
   - (=) Pagamentos a fornecedores — 175.000

   RESUMO:
   - Pagamentos ao pessoal — 80.000
   - Pagamentos a fornecedores — 175.000
   - Total pago a fornecedores e empregados — 255.000
   - Imposto de renda e contribuição social pagos — (15.000)
   - Corresponde ao saldo do Balanço anterior, pago no presente exercício.
   - Outros recebimentos (pagamentos) líquidos — (98.000)

Compreendem a diferença entre o montante dos demais recebimentos com os demais pagamentos efetuados durante o exercício, que não correspondam àqueles já informados nos itens anteriores.

9.8 Demonstração do Valor Adicionado

ENTIDADE: Comercial Blue Sky S/A DEMONSTRAÇÃO DO VALOR ADICIONADO EXERCÍCIO FINDO EM: 31.12.X2	
DESCRIÇÃO	$
1. RECEITAS (1.1 a 1.4)	456.000
1.1 Vendas de mercadorias, produtos e serviços	450.000
1.2 Outras receitas	6.000
1.3 Receitas relativas à construção de ativos próprios	–
1.4 Provisão para créditos de liquidação duvidosa – Reversão/(Constituição)	–
2. INSUMOS ADQUIRIDOS DE TERCEIROS (inclui tributos incidentes sobre compras) (2.1 a 2.4)	233.000
2.1 Custos dos produtos, das mercadorias e dos serviços vendidos	190.000
2.2 Materiais, energia, serviços de terceiros e outros	43.000
2.3 Perda/Recuperação de valores ativos	–
2.4 Outras (especificar)	–
3. VALOR ADICIONADO BRUTO (1 – 2)	233.000
4. DEPRECIAÇÃO, AMORTIZAÇÃO E EXAUSTÃO	18.000
5. VALOR ADICIONADO LÍQUIDO PRODUZIDO PELA ENTIDADE (3 – 4)	205.000
6. VALOR ADICIONADO RECEBIDO EM TRANSFERÊNCIA (6.1 a 6.3)	32.000
6.1 Resultado de equivalência patrimonial	–
6.2 Receitas financeiras	32.000
6.3 Outras	–
7. VALOR ADICIONADO TOTAL A DISTRIBUIR (5 + 6)	237.000
8. DISTRIBUIÇÃO DO VALOR ADICIONADO (8.1 a 8.6)	237.000
8.1 Pessoal (8.1.1 a 8.1.3)	70.000
8.1.1 Remuneração direta	70.000
8.1.2 Benefícios	–
8.1.3 FGTS	–

DESCRIÇÃO	$
8.2 Impostos, taxas e contribuições (8.2.1. a 8.2.3)	51.000
8.2.1 Federais	9.000
8.2.2 Estaduais	42.000
8.2.3 Municipais	–
8.3 Remuneração de capitais de terceiros (8.3.1 a 8.3.3)	65.000
8.3.1 Juros	5.000
8.3.2 Aluguéis	60.000
8.3.3 Outras	–
8.4 Remuneração de capitais próprios (8.4.1 a 8.4.2)	51.000
8.4.1 Juros sobre o capital próprio	–
8.4.2 Dividendos	40.800
8.5 Lucros retidos/Prejuízo do exercício	10.200
8.6 Participação dos não controladores nos lucros retidos (Só para consolidação)	–

Como obter os dados para informar na DVA

Em primeiro lugar, cumpre salientar que as instruções para o preenchimento dessa demonstração contábil estão na Seção 8.7 deste livro.

É importante destacar, também, que o preenchimento da DVA pode ser baseado nos lançamentos de Diário efetuados a partir da apuração do resultado bruto, até o último lançamento referente à destinação do resultado. Em nosso caso, são os lançamentos 27 a 34 do Diário. Acompanhe:

1.1 Vendas de mercadorias, produtos e serviços: 450.000
  - Extraímos do lançamento 20.

1.2 Outras receitas: 6.000
  - Corresponde ao lucro apurado na venda de bens do Ativo Não Circulante. Em nosso exemplo, extraímos do lançamento 31.

2.1 Custos dos produtos, das mercadorias e dos serviços vendidos: 190.000
  Veja como chegamos a esse valor:
  - CMV extraído do lançamento 21   152.000
  - (+) Tributos incidentes sobre o CMV   38.000
  - Total   190.000

Se você ler a instrução contida no item 2.1 da Seção 8.7, perceberá que ao custo das mercadorias vendidas se deve adicionar o valor dos tributos incidentes sobre as compras, sejam eles recuperáveis ou não.

No exemplo em questão, previmos tributos incidentes sobre os valores das compras e das vendas, pela alíquota de 20%, sendo esses tributos embutidos no valor das mercadorias adquiridas.

Então, para saber o valor dos tributos que incidiram sobre o CMV, considerando que o valor contabilizado está sem ele, ou seja, corresponde a 80% do valor das compras, fizemos assim:

$$152.000 = 80\%$$
$$X = 100$$

onde:

$$x = 152.000 \times 100/80 = 38.000$$

É importante destacar que o cálculo supra se aplica ao exemplo em questão. Na vida prática, o contabilista obtém o valor desses tributos consultando anotações do controle interno da empresa ou mesmo os registros contábeis detalhados.

2.2 Materiais, energia, serviços de terceiros e outros: 43.000
- A instrução está no item 2.2 da Seção 8.7 do Capítulo 8.

Em nosso caso, extraímos do lançamento 30, do qual constam as seguintes despesas:

- Despesas com Empréstimos   2.000
- Salários e Encargos   70.000
- Aluguéis Passivos   60.000
- Energia Elétrica   6.000
- Água e Esgoto   2.000
- Fretes e Carretos sobre Vendas 15.000
- Propaganda e Publicidade   20.000
- Juros Passivos   3.000
- Depreciação   18.000
- Total   196.000

Dessas despesas, figurarão:
No item 8.3.1:
- Despesas com Empréstimos   2.000
- Juros Passivos   3.000

No item 8.1:
- Salários e Encargos   70.000

No item 8.3.2
- Aluguéis Passivos   60.000

Capítulo 10 • Exemplo prático

No item 4:
- Depreciação   18.000

Restando para este item 2.2, somente:
- Energia Elétrica   6.000
- Água e Esgoto   2.000
- Fretes e Carretos sobre Vendas   15.000
- Propaganda e Publicidade   20.000
- Total   43.000

4. DEPRECIAÇÃO, AMORTIZAÇÃO E EXAUSTÃO: 18.000
   - Valor extraído do lançamento 30.

6.2 Receitas financeiras: 32.000
   - Montante extraído do lançamento 31.

8.1 Pessoal (8.1.1 a 8.1.3): 70.000
   - Valor extraído do lançamento 30.

Conforme você pôde observar, na DVA, os gastos com pessoal devem ser segregados em três categorias: Remuneração direta, Benefícios e FGTS.
Por razões de simplificação, neste exemplo prático, informamos o montante dos gastos com pessoal e encargos em uma só conta. Portanto, não foi possível, em nosso caso, segregar essas informações. Na vida prática, o contabilista facilmente obtém essas informações nos registros contábeis da empresa.

8.2 Impostos, taxas e contribuições (8.2.1 a 8.2.3): 51.000
É importante destacar que esse item informa o montante dos recursos gerados pela empresa e aplicados no pagamento de tributos ao governo. No Brasil, os tributos são devidos para três esferas de governo, pois é assim que os poderes públicos estão constituídos. Em cada, país será preciso segregar os tributos conforme as esferas existentes.

    8.2.1 Federais: 9.000
        - Valor extraído do lançamento 32.

    8.2.2 Estaduais: 42.000
    Tendo em vista que na DVA, no item 2.1, foi preciso incluir os tributos incidentes no custo das mercadorias vendidas, embora sejam recuperáveis, agora, será preciso excluir do montante dos tributos devidos sobre o faturamento, que foi igual a $ 80.000 (veja o lançamento 21, o montante informado junto com o custo no item 2.1 que foi igual a 38.000). Assim: 80.000 − 38.000 = 42.000.

8.3 Remuneração de capitais de terceiros (8.3.1 a 8.3.3): 65.000

    8.3.1 Juros: 5.000
- Valor extraído do lançamento 30.

    8.3.2 Aluguéis: 60.000
- Valor extraído do lançamento 30.

    8.4.2 Dividendos: 40.800
- Valor extraído do lançamento 34.

8.5 Lucros retidos/Prejuízo do exercício: 10.200
- Valor extraído do lançamento 34.

RAZONETES

Veja, aqui, os Razonetes de todas as contas envolvidas neste exemplo prático.

CONTAS PATRIMONIAIS
CONTAS DO ATIVO

CAIXA			
(B)	5.000	(2)	40.000
(1)	100.000	(9)	60.000
(7)	30.000	(11)	180.000
(10)	210.000	(12)	55.000
(16)	20.000		
Total	365.000	Total	335.000
Saldo	30.000		

BANCOS CONTA MOVIMENTO			
(B)	25.000	(3A)	2.000
(3)	100.000	(4)	35.000
(11)	180.000	(8)	120.000
		(13)	43.000
		(14)	50.000
		(15)	30.000
Total	305.000	Total	280.000
Saldo	25.000		

APLICAÇÕES FINANCEIRAS DE LIQUIDEZ IMEDIATA		
(14)	50.000	
(26)	7.000	
Saldo	57.000	

CLIENTES			
(6)	350.000	(10)	200.000
Saldo	150.000		

TRIBUTOS A RECUPERAR			
(2)	8.000		
(5)	40.000		
Saldo	48.000	(23)	48.000

AÇÕES DE OUTRAS EMPRESAS		
(15)	30.000	
(28)	10.000	
Saldo	40.000	

ESTOQUE DE MERCADORIAS			
(B)	130.000	(17)	130.000
(19)	170.000		

COMPUTADORES			
(B)	34.000	(16)	14.000
Saldo	20.000		

DEPRECIAÇÃO ACUMULADA DE COMPUTADORES			
		(B)	8.000
		(29)	4.000
		Saldo	12.000

MÓVEIS E UTENSÍLIOS	
(B)	20.000

DEPRECIAÇÃO ACUMULADA DE MÓVEIS E UTENSÍLIOS			
		(B)	6.000
		(29)	2.000
		Saldo	8.000

VEÍCULOS	
(B)	60.000

DEPRECIAÇÃO ACUMULADA DE VEÍCULOS	
(29)	12.000

CONTAS DO PASSIVO

FORNECEDORES			
(8)	135.000	(B)	135.000
		(5)	200.000
		Total	335.000
		Saldo	200.000

TRIBUTOS SOBRE O LUCRO LÍQUIDO A RECOLHER			
(4)	15.000	(B)	15.000
		(32)	9.000

SALÁRIOS E ENCARGOS A PAGAR			
(4)	20.000	(B)	20.000
		(25)	10.000

TRIBUTOS SOBRE VENDAS A RECOLHER			
		(1A)	20.000
		(6A)	60.000
(23)	48.000	Saldo	80.000
		Saldo	32.000

Noções de Demonstrações Contábeis

ALUGUÉIS A PAGAR			DIVIDENDOS A PAGAR	
	(24) 5.000			(34) 40.800

BANCOS CONTA EMPRÉSTIMOS (LP)	
(3)	100.000
(27)	3.000
Saldo	103.000

PATRIMÔNIO LÍQUIDO

CAPITAL			RESERVA PARA INVESTIMENTOS	
(B)	90.000		(34)	10.200
(7)	30.000			
Saldo	120.000			

AJUSTES DE AVALIAÇÃO PATRIMONIAL			LUCROS OU PREJUÍZOS ACUMULADOS			
(28)	10.000		(34)	51.000	(33)	51.000

CONTAS DE RESULTADO
CONTAS DE DESPESAS E CUSTOS

TRIBUTOS SOBRE VENDAS				COMPRAS DE MERCADORIAS			
(1A)	20.000			(2)	32.000	(18)	192.000
(6A)	60.000			(5)	160.000		
Saldo	80.000	(21)	80.000	Saldo	192.000	(18)	192.000

DESPESAS COM EMPRÉSTIMOS				SALÁRIOS E ENCARGOS			
(3A)	2.000	(30)	2.000	(9)	60.000		
				(25)	10.000		
				Saldo	70.000	(30)	70.000

ALUGUÉIS PASSIVOS			
(12)	55.000		
(24)	5.000		
Saldo	60.000	(30)	60.000

ENERGIA ELÉTRICA			
(13)	6.000	(30)	6.000

ÁGUA E ESGOTO			
(13)	2.000	(30)	2.000

FRETES E CARRETOS SOBRE VENDAS			
(13)	15.000	(30)	15.000

PROPAGANDA E PUBLICIDADE			
(13)	20.000	(30)	20.000

JUROS PASSIVOS			
(27)	3.000	(30)	3.000

DEPRECIAÇÃO			
(29)	18.000	(30)	18.000

CONTAS DE RECEITAS

VENDAS DE MERCADORIAS			
(20)	450.000	(1)	100.000
		(6)	350.000
		Saldo	450.000

DESCONTOS OBTIDOS			
(31)	15.000	(8)	15.000

JUROS PASSIVOS			
(31)	10.000	(10)	10.000

LUCRO NA VENDA DE BENS DO IMOBILIZADO			
(31)	6.000	(16)	6.000

RECEITAS SOBRE APLICAÇÕES FINANCEIRAS			
(31)	7.000	(26)	7.000

LUCRO SOBRE VENDAS			
(31)	218.000	(22)	218.000

CONTAS DE APURAÇÃO DE RESULTADOS

CUSTOS DAS MERCADORIAS VENDIDAS (CMV)			
(17)	130.000	(19)	170.000
(18)	192.000		
Total	322.000		
Saldo	152.000	(21)	152.000

RESULTADO DA CONTA MERCADORIAS (RCM)			
(21)	232.000	(20)	450.000
(22)	218.000	Saldo	218.000

RESULTADO DO EXERCÍCIO			
(30)	196.000	(31)	256.000
(32)	9.000	Saldo	60.000
(33)	51.000	Saldo	51.000

MENSAGEM FINAL

A proposta deste terceiro volume, intitulado *Noções de Demonstrações Contábeis*, foi possibilitar a você o conhecimento da estrutura de cada uma das principais demonstrações contábeis elaboradas pela contabilidade.

Aqui, você aprendeu não apenas a elaborar, mas também o significado, a finalidade e como extrair informações das demonstrações contábeis.

Agora, sempre que você estiver diante de uma demonstração contábil, saberá extrair dela as informações necessárias para suas tomadas de decisão.

Se você solucionou sem embaraços todas as atividades teóricas propostas neste volume, você reuniu os conhecimentos necessários para estudar o volume 4, intitulado *Noções de Análise das Demonstrações Contábeis*, no qual perceberá que é muito simples analisar as informações por meio de fórmulas já consagradas pelos analistas de Demonstrações Contábeis.

Professor Osni Moura Ribeiro

BIBLIOGRAFIA

CALDERELLI, A. **Enciclopédia contábil e comercial brasileira**. São Paulo: CETEC, 1997.

CONSELHO FEDERAL DE CONTABILIDADE (CFC). **NBC TG 1000 – Contabilidade para pequenas e médias empresas**. 17 dez. 2009. Disponível em: <www2.cfc.org.br/sisweb/sre/detalhes_sre.aspx?Codigo=2009/001255>. Acesso em: 13 jun. 2019.

_____. **NBC TG 03 (R3)**. 22 dez. 2016. Disponível em: <www2.cfc.org.br/sisweb/sre/detalhes_sre.aspx?Codigo=2016/NBCTG03(R3)&arquivo=NBCTG03(R3).doc>. Acesso em: 13 jun. 2019.

_____. **NBC TG 09 – Demonstração do Valor Adicionado**. 28 nov. 2008. Disponível em: <www1.cfc.org.br/sisweb/sre/detalhes_sre.aspx?Codigo=2008/001138>. Acesso em: 13 jun. 2019.

_____. **NBC TG 19 (R2)**. 6 nov. 2015. Disponível em: <www1.cfc.org.br/sisweb/sre/detalhes_sre.aspx?Codigo=2015/NBCTG19(R2)>. Acesso em: 13 jun. 2019.

_____. **NBC TG 26 (R5)**. 22 dez. 2017. Disponível em: <www2.cfc.org.br/sisweb/sre/detalhes_sre.aspx?Codigo=2017/NBCTG26(R5)&arquivo=NBCTG26(R5).doc>. Acesso em: 13 jun. 2019.

EISEN, P. J. **Accounting**. 3. ed. New York: Barron's Business, 1994.

FRANCO, H. **Contabilidade geral**. 18. ed. São Paulo: Atlas, 1972.

GOUVEIA, N. **Contabilidade**. São Paulo: McGraw-Hill do Brasil, 1985.

JACINTHO, R. **Biblioteca de ciências contábeis em lançamentos programados**. São Paulo: Brasiliense, 1981.

NEPOMUCENO, F. **Novo plano de contas**. São Paulo: Thomson/IOB, 2003.

RIBEIRO, O. M. **Contabilidade básica**. 30. ed. São Paulo: SaraivaUni, 2017. (Série Em Foco).

_____. **Demonstrações financeiras**: mudanças na Lei das Sociedades por ações – como era e como ficou. São Paulo: SaraivaUni, 2017.

WALTER, M. A. **Introdução à contabilidade**. São Paulo: Saraiva, 1981.

1ª edição
Papel de miolo   Offset 75 g/m²
Papel da capa   Cartão 250 g/m²
Tipografia   Myriad Pro e Source Sans Pro